苏曼殊传

张昕　著

文化发展出版社
Cultural Development Press

·北京·

图书在版编目（CIP）数据

苏曼殊传 / 张昕著. — 北京：文化发展出版社，
2023.8
ISBN 978-7-5142-3900-3

Ⅰ.①苏… Ⅱ.①张… Ⅲ.①苏曼殊（1884—1918）-
传记 Ⅳ.① K825.6

中国国家版本馆CIP数据核字(2023)第041118号

苏曼殊传

著　者　张昕

出 版 人：宋　娜
责任编辑：尚　蕾　　　　　　　责任校对：岳智勇
责任印制：邓辉明　　　　　　　封面设计：邓小林
出版发行：文化发展出版社（北京市翠微路 2 号　邮编：100036）
发行电话：010-88275993　　010-88275711
网　　址：www.wenhuafazhan.com
经　　销：全国新华书店
印　　刷：唐山楠萍印务有限公司

开　　本：710mm×1000mm　1/16
印　　张：15
字　　数：169 千字
版　　次：2023 年 8 月第 1 版
印　　次：2023 年 8 月第 1 次印刷

定　　价：69.80 元
ＩＳＢＮ：978-7-5142-3900-3

◆ 如有印装质量问题，请与我社印制部联系　电话：010-88275720

前 言

要写一个人的一生绝非易事。

要写一个一百多年前的人，一个天才，一个在情与禅、出世与入世间纠结徘徊的人的一生，更是不易。

苏曼殊就是。

苏曼殊出生于日本横滨，父亲是广东茶商，母亲是日本人。他是中日混血儿，也是矛盾结合体。母亲东渡后，他在封建大家庭中孤独地长大，对自己尴尬的身世讳莫如深。他习惯了到处漂泊，渴求爱与温暖。有时候，他把人生和命运分得如此清晰，于是，他进入庙宇，剃度为僧。有时候，他又把现实和梦想混为一谈，于是，他投身革命，奔走救国。

苏曼殊是一个痴人。对爱情痴，既恪守佛教的清规戒律，又流连爱情的温柔缠绵。对美食痴，暴饮暴食毫无节制，尽情饕餮只因厌世。

他小说绘画，无一不精；诗词歌赋，信手拈来。他的一生，足迹遍布东南亚、日本，诗句写遍世间悲情。

他生如夏花灿烂，死若流星陨落。

苏曼殊，这样一个有情有爱的僧人，才情卓越的诗人，天赋惊人的翻译家，怎么能让人轻易去看透、写透？更何况区区十余万字，也只能是一鳞半爪，窥见苏曼殊一生的大致行踪。

写作苏曼殊的作品很多。有的从情僧入手，由"以情求道"书写多情人生；有的从诗僧入手，罗列收集他的书信诗文，贯穿他短暂的一生。诗人、情种、画家、革命者……他实在拥有太多的身份。每位书写苏曼殊的人，都有自己心中的苏曼殊。

画一个人，不能只窥他的一鞋一袜，还要遍览全身；写一个人，不能只瞥他的一笔一画，还要纵观全局。人的一生并不是简单的时间罗列，还应该放眼时代，立足当时。"情"和"文"是苏曼殊人生的两个圆点，"僧人"和"革命者"是人生的两个半径，画两个相交的圆，曲线便是人生的轨迹。带着情感的温度去写苏曼殊，在字里行间充盈着自己的思考，在行文脉络中流露着深情，是每位写作苏曼殊的作者应有的初衷和态度。

《苏曼殊传》纵贯苏曼殊的一生，共九个章节。第一章《人情冷薄入空门》和第二章《二入空门》，是为全书也是为苏曼殊的人生做的注脚。这是他和佛门不解之缘的开始，也是他后来人生迥异的转折点。第三章《求学与革命》和第四章《漂泊的足迹》，是苏曼殊漫漫人生路的纵览图，也是他命途多舛的真实写照。第五章《有情最是总无情》和第六章《曼殊的朋友们》写苏曼殊身边的人。这是苏曼殊爱情与友情的重叠部分，也是他作为情僧的一段细腻之处。无论是红颜知己、痴心爱人还是陪伴他孤独旅程的朋友们，正因为拥有他们，人生才变得丰富多彩，世间才成为让人眷念的存在。第七章《佯狂与老饕》和第八章《终究诗文最解心》写苏曼殊的怪癖和才能。"才子多怪癖"，是用才华与黑暗时代的孤独博弈。最后一章《生如烟花之一瞬》是苏曼殊人生最后时刻的绚丽落幕。红尘一游，何处觅遗踪。那闪烁的才华如同颗颗明星，早已化作深情的文字，点亮时代的夜空。

写作这篇文稿时，字句出处斟酌再三，真事逸事辨析真假，错误纰漏也在所难免。虽非准确的传记，亦不是全文戏说，是非情感皆化作一腔热血。

"人间花草太匆匆，春未残时花已空。"眼前仿佛出现了一位孤僧，走过春花满地，走上疏柳长堤，风拂过飘飘僧衣，渐渐消失在残阳暮色里。

目 录

第一章 人情冷薄入空门

一代情僧的尴尬出生

一袭袈裟，一身瘦骨，满目愁绪，一怀情愫，生于动乱的年代，终生放浪形骸。这是苏曼殊留给历史的形象。

今天我们说起苏曼殊，已鲜有人知。然而一百年前，这位民国情僧的知名度，一点不逊色于今天的明星。他精通多种文字，才华卓群。他是情僧、诗杰、革命和尚，是画家、小说家。他的魅力深深吸引了当时的青年男女，有待字闺中情窦初开的女子，将其画像挂在床帏方能安睡，很像现在许多少男少女们追星。

年轻时，我们常常会用幻想给以后的人生添加许多剧情，似乎所有的不平凡，都需要从一个不寻常开始。殊不知，有些剧情的背后，是看不见的辛酸和苦楚、冰冷和泪水。苏曼殊曾感慨自己的身世有难言之恫，而"恫"的背后，是他自己至死都未解开的心结。

苏曼殊，广东香山（今广东珠海）人，1884 年出生于日本横滨。父亲苏杰生是广东茶商，青年时就赴日本经商。苏家以经营进出口业发家，家境殷实，而这些似乎都跟苏曼殊无关。苏杰生常年在日本横滨做生意，就娶了个叫河合仙的日本女人做妾。封建时代，女子社会地位非常低下，男人娶三妻四妾是很正常的事情。连国学大师辜鸿铭都很主张男人娶小老婆，认为这是社会稳定的基础。他还做了一个有名的比喻，说男人是茶壶，女人是茶杯，一个茶壶肯定要配几个茶杯，总不能一个茶杯配几个茶壶。在倡导男女平等的今天，这样的观点实在是可笑的。

苏杰生的正妻黄氏在国内，陪在他身边的除了河合仙，还有一位姬妾大陈氏。因为苏杰生的妻妾均无子，"不孝有三，无后为大"的思想折磨着他。作为富商，他当然希望有人来继承庞大的家产。恰好此时，河合仙的妹妹河合若来看望姐姐，她的娇俏美貌让苏杰生非常着迷。苏杰生本就生得英俊潇洒，浪漫又多金，很快就俘虏了若子的心，他们开始了缠绵的热恋。不久，若子就怀孕了，这让苏杰生欣喜万分。但是苏家的人很快就知道了苏杰生在日本做的荒唐事，保守封建的苏家长辈对于苏杰生娶日本女人的事情十分反感，认为有辱门楣。无奈之下，苏杰生只好把河合仙姐妹送到另一处住所，且瞒下了若子怀孕一事。

1884 年 9 月 28 日，河合若产下一个漂亮的男婴，他就是苏曼殊。苏杰生给儿子取名苏戬。一个新生儿的诞生，迎接他的一定是祝福和欢笑。然而，这个孩子生在这样的环境里，想想他的未来，不被认可的身份，私生子的名头，河合若愁眉不展，整日以泪洗面。河合仙不知道怎样劝慰妹妹，她给自己的父母写了一封信，如实告知了现在的困境。开明的父母没有责怪她们，只是给他们想了一个解决问题的办法。河合若将孩子交给河合仙，对外说是河合仙的孩子，自己回乡另嫁。河合若的眼泪不停地流淌，但这是最好的办法了。孩子三个月的时候，她忍痛回到乡下，嫁给了一位海军军官。河合仙成了苏曼殊的生母。这个谎言直到苏曼殊离世，都不曾解破。

　　苏曼殊的身份实在尴尬，在华夷之别严格的时代，还有点"不光彩"。这也注定了他受尽冷遇，坎坷飘零的人生遭际。"世上飘零谁似我"，孤独在心里埋下种子，多愁善感成了人生的灰色调。命运是公平的，苏曼殊四岁时，他的聪颖和慧根就显露出来。一天，河合仙带着苏曼殊去动物园，那么多的动物立刻吸引住了他。他还是第一次看见狮子、大象呢。回来后，他念念不忘，如果将它们画下来，是不是就可以天天看到了呢？于是他"伏地绘狮子频伸状，栩栩欲活"，四岁孩童就能画出栩栩如生的狮子，实在是神童。可见苏曼殊超群的绘画才能，确实是天赋了。

　　也是那一年，有位看相的先生经过他家门，偶然见到苏曼殊，抚摩着他的头感慨地说："是儿高抗，当逃禅，否则非寿征也。"大意是这个孩子脾气刚直不屈，命中注定要与佛结缘，否则就不会长寿。这个故事和《红楼梦》中癞头和尚告知林黛玉的话实在相似。

　　"那一年我才三岁，记得来了一个癞头和尚，说要化我去出家，我父母自是不从。他又说：'既舍不得他，但只怕他的病一生也不能好的。若要好时，除非从此以后总不许见哭声；除父母之外，凡有外亲，一概不见，方可平安了此一生。'"这句话平白易懂，一语成谶，却无人能懂，连黛玉自己都说是疯癫之语。黛玉没有出家、爱哭、去外祖母家见了无数外姓亲友，最终早早离世。命运早被看破，却还是逃不过，是不是有些太宿命论了呢？但《红楼梦》是小说，本就是虚构，而苏曼殊的故事是他自己后来写的。这里有个词——"逃禅"，是逃离禅戒，还是遁世参禅呢？纵观苏曼殊的一生，三入空门又多次逃离，无论如何，都与禅佛紧紧联系在一起。

过若松町有感示仲兄

契阔死生君莫问，行云流水一孤僧。

无端狂笑无端哭，纵有欢肠已似冰。

抛开这首诗的释义不说，单单是"行云流水一孤僧"一句，就把一位竹杖芒鞋、遗世独立的孤僧形象描绘出来了。逃不过禅佛，避不开痴情。浪迹天涯，四处漂泊，苏曼殊活出的是自己的人生。

身世凄凉人情冷

苏曼殊对自己童年的经历一向讳莫如深。哪怕是自己的好友问起，他都轻轻摇头，似乎每当想起，记忆都会疼痛。

因为苏家男丁少，苏曼殊的父亲很喜欢这个聪明的孩子，希望他能为苏家延续香火，继承家业。五岁时，苏曼殊跟随父亲养母回到广东香山老家，改名为三郎。苏家对这对异域的母子很是冷淡，对苏杰生的妻妾更是冷漠。苏曼殊在这个人情寡淡的家庭中成长，好在父母的呵护，让他感到一点温暖。苏杰生对儿子寄予厚望，苏曼殊一回到老家，就被送到私塾读书。作为父亲，他希望儿子读书识字，取得功名，光宗耀祖。

族中其他的孩子因为苏曼殊有一半的东瀛血统，身世尴尬，对他百般刁难，苏杰生的特殊关爱更让他们忌妒。平日里他们一见到苏曼殊便冷嘲热讽，奚落凌辱。身体羸弱的苏曼殊本就敏感，心里的委屈无处诉说。他知道如果告诉父亲，父亲一定会责骂他们，而自己下次会遭受更可怕的报复；告诉母亲，只能平添母亲的烦恼，他已经不止一次看到母亲在受到他人的白眼后偷偷抹眼泪了。所有的悲愤都压在自己的心头，他变得沉默孤独了。

封建社会的大家庭等级森严，充满着阴森冷漠的气息。我们读巴金先生的《家》、苏童的《妻妾成群》，都能感觉到封建大家族里没有爱，只有丑陋和冰冷。苏家对于苏曼殊就是这样的存在。因为河合仙的身份，苏杰生没少受族中老人们的责怪。最初，苏杰生还是袒护河合仙的，时间久了，他们的矛盾也多了起来，争吵和冷战成了每日的必修课。

河合仙的内心感到无比悲凉，远离故土却得不到理解，备受冷语却没有人安慰。她恨自己一时糊涂嫁给苏杰生，更恨妹妹生下这样一个备受欺凌的孩子。她偷偷积攒起东渡的路费，准备有朝一日逃离这里。但孩子怎么办呢？她抚摩着苏曼殊稚嫩的脸庞，心如刀绞。她知道，孩子是苏家的后代，自己不可能带着他离开的。终于有一天，她像往常一样站在门口，目送着苏曼殊去私塾。她的眼泪不停地往下流淌，但还是狠下心，带着行李走出了苏家的门。

可以想象，当年幼的苏曼殊从私塾回家，大声呼唤母亲却无人应答，他的内心是多么无助和绝望。母亲的不辞而别给年幼的苏曼殊的心灵造成了不可磨灭的伤害，他感到天塌了。他不停地哭泣，直到哭累睡着了。他希望能像以前一样，一睁开眼母亲就会出现在他身边，擦干他的眼泪，把他搂在怀里。过了许久，他醒了，环顾着空荡荡的房间，还是只有他一个人。夜幕降临，房间里漆黑一片，没有人喊他吃晚饭，没有人来安慰他，他终于明白，母亲走了，不会再回来了。

童年的经历对一个人的人生有着重要的意义和作用。父母给孩子营造的温馨温暖的环境，是孩子成长的港湾。然而在苏曼殊的童年里，生母养母都离开了，无爱的苏家让他对外在环境彻底失去了信任。他变得更加沉默寡言，终日藏在自己敏感自尊的外壳里。

没有母亲的照拂，苏曼殊更加孤单了。苏杰生的姜大陈氏生了三个女儿，在家族中受人诟病，无处发泄，她就把心中的怨气全都撒到苏曼殊的身上。她掌管着苏家的大事小情，常常不管苏曼殊的死活。在她眼里，这个"小东洋"就是苏家多余的人。有时候，苏曼殊从私塾回来得晚，错过了晚饭，大陈氏根本不管不顾，任由他饿着。

一个身为人母的女人，为什么不能把自己的爱分给无依无靠的可怜孩子？我们不能强求一个封建时代高墙大院里生活的女人有多么高的思想觉悟。就如同我们读张爱玲的《金锁记》，常常会觉得二太太曹七巧实在可恶，因为自私，伤害了最亲的人。纵观她的一生，她也是封建大家族的牺牲品。身份低微备受作践、没有爱、得不到尊重，被压抑的生命里遇到的都是虚伪和冷酷，于是她不再相信任何人，不择手段地争夺财富，亲手毁掉了儿女的幸福。不管如何，苏家大陈氏的虐待和凶恶，让苏曼殊尝尽了世态炎凉和人世的苦涩，也造成了他矛盾的性格，注定了他今后复杂的人生经历。

暂时的逃避

九岁那年，苏曼殊被父亲送到上海跟随西班牙牧师罗弼·庄湘学习英文。

这次外出求学，开阔了他的眼界，也远离了家族压抑的气息。父亲给他办好了手续，就离开了。许多孩子离家，都会因不舍而哭泣，苏曼殊却不然。父亲一离开，他郁郁寡欢的脸上渐渐浮现了孩子特有的好奇和朝气。他环顾着这个陌生的环境，内心充满了期待。

罗弼·庄湘是个文化底蕴深厚的人，在文学上也很有建树。不得不说，苏杰生在苏曼殊的教育上是很费心思的，虽然他有振兴家族的用意，但正是他的用心培养，才让苏曼殊的才华得到释放。

站在罗弼·庄湘的家中，苏曼殊彻底惊呆了。高大的书柜上摆满了书籍，四周挂满了油画，咖啡浓郁的香味弥漫在空气里，优雅的钢琴曲萦绕耳畔，所有的东西都散发着温馨迷人的光晕。在苏家，没有音乐和欢笑，灰色斑驳的院墙，木制的大门被岁月剥蚀，打开就能看到那些没有表情的冰冷的脸，仿佛色彩都是灰色调的。这里真是太美好了。他目不转睛地看着这一切，眼里出现了久违的光。罗弼·庄湘看出了他的变化，轻轻抚摩着他的小脑袋，会意地笑了。

在庄湘老师悉心的教导下，他如饥似渴地学习，很快就完成了基本的英文入门。他的聪明和超群的记忆力，让庄湘十分惊奇。庄湘万万没想到，从教几十年，还能遇到一位天才。没错，苏曼殊就是一个天才。有些知识庄湘只是一句带过，他觉得对于孩子来说还太难，然而苏曼殊已经铭记于心，下一次就能灵活运用了。更让人惊叹的是，他还对外国诗歌文学很感兴趣，尤其是拜伦和雪莱的诗。当读到雪莱的那句"如果冬天已经来了，春天还会远吗？"苏曼殊的心被俘虏了。他反复读着《西风颂》，感到自己与雪莱似乎心有灵犀，不然，这么好的诗句怎么像是为他而写的呢。我生命的春天应该不远了，不，我现在正在享受春天般的温暖啊。

庄湘有个女儿叫雪鸿，与苏曼殊同岁，也时常伴读在旁。尤其当苏曼殊读那些美丽的句子时，她总是用手捧着脸，目不转睛地看着他，时而说一说自己的看法。雪鸿读过很多书，对文学作品的鉴赏很有见解。两人有时争得面红耳赤，有时所见略同，握手言和。"郎骑竹马来，绕床弄青梅。"花园里的花儿静静吐露芬芳，蝴蝶在花丛中若隐若现，阳光暖暖的，桌上的咖啡氤氲出香味。两个少年坐在长椅上，各自捧着一本诗集读着，偶尔交流一下。庄湘看到这画儿一样美妙的场景，心里有了一个想法。

一次上完当天的课程，庄湘示意苏曼殊留下。他泡了一杯咖啡，坐在苏曼殊的旁边。

"喜欢咖啡吗？"庄湘问。

"喜欢。"

"中国人都喜欢茶的。"

"是的。茶在中国已经有几千年的历史了。茶味清香平和，咖啡浓郁香醇，各有不同，我都喜欢。"

庄湘笑了，他说雪鸿很喜欢茶呢，尤其是听你讲了中国的诗词，对中国文学很感兴趣。

少年苏曼殊看了一眼雪鸿，她正用热烈的眼光注视着自己。他的脸红了。雪鸿是那样美丽的女子，又才华横溢，如果跟她在一起真是人生的幸运。在庄湘家中几年，苏曼殊竭力想让自己忘记那个家，但苏家就像个阴影笼罩着自己的人生，他不能把雪鸿也拉入深渊。

他告诉了庄湘和雪鸿自己的故事，告诉他们自己心里最柔软的秘密，他日思夜想的母亲。庄湘没想到这个聪慧的孩子还有这样悲惨的身世，尤其是他不愿连累雪鸿的时候，庄湘的心被触动了。这是个懂事得让人心疼的孩子，他需要的是关爱和温暖。雪鸿已经泣不成声了，她愿意等待苏曼殊，等待长大。苏曼殊和庄湘一家的关系更亲近了。

正当苏曼殊在庄湘家快乐度日时，苏家传来了老太爷病重的消息，加上家族生意仍无起色，苏杰生来信让苏曼殊回家。苏曼殊万般无奈，只好启程。在他心中，对那个家庭毫无眷念，回去，无疑再次回到黑暗里。但他天真地以为很快就会再次回到庄湘家，于是和雪鸿约定，再见面时，带上翻译好的《拜伦诗选》。

踏上归程，苏曼殊满脸忧伤地看着深蓝的天空，忧郁又回到了他的心。

经历空门

因为经商失败，家境每况愈下，苏杰生只好离开家去上海做生意，苏曼殊也中断了在庄湘家的学业回到苏家。纵然学到了很多知识，但一进苏家的大门，苏曼殊又成了一只孤独的大雁。1894 年甲午中日战争爆发，这场战争以中国战败，北洋水师全军覆没而告终。战争的阴云密布在古老中国的上空。因为苏曼殊一半的日本血统，没有人给予他关爱，各人都各爱自己的孩子。他日日想起曾经快乐的生活，思念着母亲。

离开苏家后，河合仙内心满是痛苦，她日夜思念着苏曼殊。她知道苏曼殊在苏家的生活状况是何等艰难，她必须独立起来，有朝一日能把孩子接到身边。她到横滨渔场劳作，日晒雨淋，攒够一点钱就寄给远在中国的苏曼殊。她哪里知道寄去的财物，都被大陈氏中饱私囊。大陈氏甚至还谎称河合仙已死。苏曼殊感到无比凄凉，备受贫困折磨和内心孤独的煎熬。

白眼冷语是苏曼殊的家常便饭，更糟的是他生病了。他躺在床上发着高烧，凶狠刻薄的大陈氏竟不闻不问，没有人给他请大夫看病。看着苏曼殊越来越虚弱，她甚至担心他得的是传染病，于是命人将奄奄一息的苏曼殊关进柴房里，任由他自生自灭。

没有人知道苏曼殊在四处透风、又脏又破的柴房经历了什么。对于一个十二岁的孩子，一定是恐惧和无助。夜晚清冷的月光照在他苍白的脸上，他想念母亲，想念母亲温暖的怀抱和轻柔的话语，他有多少年都不曾听到。风透过破旧的门洞钻进柴房，他忽然记起庄湘老师提过的死亡。我会不会死去啊？他想起丹麦童话作家安徒生的《卖火柴的小女孩》，死去就不会感到饥饿寒冷，就不会感到痛苦，灵魂会升入天堂。庄湘老师说天堂是一个充满自由与快乐的地方。可是陆游的《示儿》诗又有"死去元知万事空"一句，人死如灯灭，就什么也没有了，人生的意义在哪里呢？何况自己还要去寻找母亲，还要与庄湘、雪鸿再见面。"活下去"三个字在苏曼殊的心里、脑子里不停地旋转。

重病的苏曼殊在柴房苦苦支撑，靠的应该就是求生欲。年幼的他还没有看到外面的世界，还有许多的事情没有经历过、弄明白。明月当空照，乌云顷刻散。命运终于眷顾起这个可怜的孩子，奇迹出现了。他渐渐好起来，烧退了，可以吃一些食物了。我想苏家人看到苏曼殊神奇地活下来，定是大为惊讶。他们万万没想到，这个沉默孤僻的孩子，生命力竟如此顽强。

渡过了此劫，苏曼殊对这样的家庭已毫无眷念。周围人的冷眼恶语依旧折磨着他，让他无时无刻不想着逃离。身无分文，究竟去往何地呢。苏曼殊想到了出家。

救人于苦难，这是很多人信奉佛教的重要原因。《潮音跋》中有这样的话："年十二，从慧龙寺住持赞初大师披剃于广州长寿寺，法名博经……旅入博罗，坐关三月，诣雷峰海云寺，具足三坛大戒，嗣受曹洞衣钵，任知藏于南楼古刹。"十二岁那年，苏曼殊追随赞初和尚一路化缘而去，到广州长寿寺正式披剃出家，取法号曼殊，名博经。

赞初大师很喜欢这个聪颖的孩子，认为他必定能成一番慧业。苏曼殊数日就能背诵戒条，过目不忘，深受瞩目。佛教讲究慧根，这是参悟佛法、领悟佛法最重要的能力。佛教禅宗六祖慧能的故事很有代表性。五祖弘忍年事已高，急于寻找能继承衣钵的人，于是要求弟子根据平日修行写一首偈子（佛诗），大弟子神秀作了一首，众人纷纷称赞。

　　　　身是菩提树，心如明镜台。

　　　　时时勤拂拭，莫使惹尘埃。

大意是：身体是一棵菩提树，心灵就像一座明亮的台镜，要时时不断地掸拂擦拭，不让它被尘垢污染障蔽了本性。

当时慧能只是个厨房干杂事的，听了此诗，只说了一句："美则美矣，了则未了。"也写下一首偈子：

　　　　菩提本无树，明镜亦非台。

　　　　本来无一物，何处惹尘埃。

这首偈子的大意是：菩提原本就不是树，明亮的镜子也并不是镜子。本来就是虚无没有一物，哪里会染上尘埃呢？慧能的参悟要高出神秀许多，如果说神秀仍然停留在内，而慧能却早已走出了自我，来到了更广阔的天地。五祖将衣钵传给了慧能。

天资过人，领悟力强，是成为一名好和尚的必要条件。赞初大师很有眼光，第一眼见到苏曼殊就觉得他是个聪明过人的孩子，有慧根。这是苏曼殊第一次与佛结缘，此后他的一生，都在佛门徘徊，虽然他一直没有成为一名合格的僧人。

对于年幼的苏曼殊，遁入空门能使他失落的内心得到平静，也能得到一处遮风挡雨的屋檐。寺庙安宁平静，生活清苦。暮鼓晨钟，研读经文是生活的大部分，还要担柴挑水、洒扫寺院，做些生活上的琐事。梵音袅袅，不绝于耳。观庭前花开花落去留无意，望天上云卷云舒聚散任风。深山幽寂，层林深邃，苏曼殊被压抑的性情得到了滋长。

赞初大师对苏曼殊的身世经历很同情，常常想给这个可怜的孩子更多的关怀。佛门清净地，实在没有什么可以给他的。有一次，赞初大师无意中得到了几块糖，他走到禅院，看见苏曼殊正在打扫满地的落叶。他快步走过去，把糖塞到了苏曼殊的手上。苏曼殊呆呆地站着，慢慢把手心的糖展开，泪水模糊了眼睛。第一次吃到糖，还是母亲给他的，他似乎已经忘了糖的滋味。如今在清苦的寺庙里，是师父给他苦涩的心灵一丝甘甜。这种甜蜜的幸福味道，让苏曼殊终生难忘，也让他一生都嗜糖如命。大约心中苦的人，才爱吃糖吧。

粗茶淡饭本就是一种修行，但苏曼殊毕竟还是个孩子。寺院里寡淡的饮食让年幼的苏曼殊常常幻想山下的美食，清蒸红烧、煮的烤的各式肉食只要想一想就忍不住流口水。苏曼殊的嘴巴已经很久没有尝过油水了，他实在很想偷偷尝尝。

有一天，一只受伤的鸽子掉到了后院，恰好被苏曼殊看见了。出家人本该慈悲为怀，放鸽子一条生路，但此时苏曼殊想起了前不久去集市化缘，那烤鸽子的香味实在是太诱人了，让他久久难忘。于是他抓住鸽子，虽有些不忍心，但还是在心里说："小鸽子，对不起啦，先喂饱小和尚的嘴巴吧。"他把鸽子洗剥干净，又偷了点作料，在后院生火烤鸽子。苏曼殊有滋有味地啃着鸽肉，完全没有想到鸽肉的香味早就引来了寺院的众人。杀生食肉，违反了佛门戒律。赞初大师不忍苛责，他早就看出苏曼殊凡心未了。这个孩子太聪明了，他或许还需要去经历更多。寺规不能坏，严厉的方丈下令将他赶出了寺院。

这是苏曼殊第一次经历空门。

第二章　二入空门

学校生活

游子吟

［唐］孟郊

慈母手中线，游子身上衣。

临行密密缝，意恐迟迟归。

谁言寸草心，报得三春晖。

人生于世，本就是一个游子。母亲是心灵的归宿，爱的港湾。"父母在，不远游。"这是古人的孝道，也是今人的固守，切不可等到"子欲养而亲不待"时，追悔莫已。母爱的故事，无论从哪个角度去书写，都能触动内心最柔软的地方。对于苏曼殊而言，母亲离他而去已有五年了。这五年，夜夜梦里他都呼唤着母亲，对母亲的思念也越来越浓。尤其是生病无人关心时，万家团圆众人欢笑时……孤独只属于这个没有母亲在身边的孤苦可怜的孩子。

苏曼殊的自传体小说《断鸿零雁记》提到：出家为僧受戒时，"求戒行人，向天三拜，以报父母养育之恩"，"余斯时泪如绠縻，莫能仰视，同戒者亦哽咽不能止"。十二岁，正是在父母身边撒娇，尽情享受父母关爱的年纪，小小的苏曼殊却已饱尝人间疾苦，流落街头遁入空门。

大陈氏曾告诉苏曼殊，河合仙早已葬身鱼腹。五年来，他没有一点母亲的音讯。其实他不知道，所有的信笺和汇款都被大陈氏早早拿走了。母亲到底在哪里呢？

被逐出寺院后，无路可走的苏曼殊只好又回到了苏家。他的心中已经坚定了寻找母亲的决心。但如何去日本呢？他身无分文，连衣食都像是苏家施舍的，更谈不上索要钱财了。正在他无计可施时，苏曼殊的表兄林紫垣回来了。林紫垣已经三十多岁，成熟稳重，十八岁时就跟随父亲在日本经商。对于苏曼殊的身世，他从母亲那里有些知晓，一直很想见见这个孩子。正好父亲让他回国处理一些生意场上的事情，他就顺道来到了苏家。

当瘦弱的表弟怯生生地站在他面前时，他的心中被刺痛了一下。他小心翼翼地问了他几个问题，不料他竟对答如流。林紫垣不是读书人，但他感到这个孩子眼睛里有一种不一样的东西，倔强又聪慧，在这样的家庭里一定受了不少的委屈吧。

苏曼殊从未见过这个表哥，他本能地表示出警惕，这是一个弱小又孤僻的孩子保护自己最原始的本能。但是当他听说表哥从日本来，他的眼睛一下子亮了。他迫不及待地打听起母亲的消息。林紫垣说他并不清楚，不过他很快就要去日本，如果苏曼殊愿意，他可以带他一起去。苏曼殊快乐而感激地看着这位表兄，在他心里，表兄俨然就是救世主了。

林紫垣去日本并不是留学，而是去做生意。因为自身经济基础不错，苏曼殊在日本的费用都由他承担了。林紫垣是个忠厚老实的生意人，不喜欢惹是生非，他的生意做得不大，因此他对苏曼殊的资助是很有限的。然而摆脱了阴森牢笼般的苏家，苏曼殊感到快乐极了，对于表兄的资助，更是感激万分。

苏曼殊终于登上了东渡的轮船，望着一望无际的大海，内心充满了期待。到达日本横滨后，在表兄的安排下，苏曼殊在横滨的大同学校就读。当时横滨的华侨教育事业很发达，有识之士在横滨华人聚集地建起了这所新式教育的学校。苏曼殊年纪还小，被安排在乙班学习，等打好基础再升到甲班。是金子总会发光，很快许多人都知道学校里来了位天才。他学习能力超强，理解力非凡，老师讲解的知识他一下子就能掌握。学有余力，他就拿起画笔绘画。他常常画僧像，且画得很好，大家都暗暗称奇。他已渐渐长大了，曾经那个矮小总是担惊受怕的孩子已长成了翩翩美少年。他俊朗的外貌，忧郁的气质，总是微蹙的眉头，谜一般的身世吸引了很多人的注目，在大同学校，他俨然如明星般的存在。

一次美术课，苏曼殊正专心地绘画，待他回过神来，发现老师就站在他身后。老师让他不要停下，继续画完。等苏曼殊搁下笔，老师大为惊叹。以前只是听说苏曼殊的画很好，但没有想到水平竟如此之高。似淡还无的线条，或遒劲或细腻，营造出的清雅意境像一首积蓄愁怨的诗。这样的水平已经超过老师了，应该在学校做教员。大同学校是所华侨学校，师资力量不太雄厚，很多有才能的学生都在学校兼职做教员。于是苏曼殊一边读书，一边在学校兼职做起了美术教员。

进入大同学校的苏曼殊，感到的是自由和充实，尽管生活上有些捉襟见肘。表兄每个月给的生活费是有限的，除去学杂，每日只能吃夹着石灰的白饭，晚上也点不起灯。但苏曼殊根本不在意这些。很多人追求物质的享受，认为拥有了足够的物质财富，人生就充满幸福。殊不知财物终究来自身外，只有精神高贵充实，人生才有意义。陶渊明生活贫困，却在自己的《桃花源记》里享受世外生活；杜甫终生布衣，但心怀天下，用忧国忧民的情怀写下沉郁顿挫的诗篇；梵高终生穷苦，却从未停下手中的画笔，把奇异的星空涂抹在画布上。天才的苏曼殊也是如此，不抱怨生活的苦，是因为发现了它的美。

大同学校里都是意气风发、风华正茂的青年，有着不凡的谈吐和超凡脱俗的气质。在这样的环境里，苏曼殊的身心是愉悦的。他还认识了一个叫冯自由的同学。冯自由身材微胖，说话又极有亲和力。苏曼殊很喜欢同他一起说话，渐渐地敞开心扉。当了解了苏曼殊的身世后，冯自由很同情，但他也有自己的看法。他出生在革命家庭，从小接触革命者，思想很先进。他告诉苏曼殊，他的个人悲剧在中国还有很多，这是腐朽的封建制度造成的。因为苏家陈旧的思想，才会出现像他的庶母那样的女人，而她们又何尝不是悲剧呢。她们一生被锁在苏家大院，把自己的人生寄托在传宗接代上，慢慢变得刻薄自私。

冯自由的话像一缕阳光，照进苏曼殊尘封已久的心。他开始思考社会问题、国家问题。为什么在此之前他只是觉得人生艰难，当生命不能承受其重后，只想着逃离而从未想过改变呢？此刻他的思想仿佛被打开了另一扇门。冯自由告诉他，作为有志青年要志存高远，把有限的生命投入革命，推翻腐朽的满清王朝，建立一个自由民主的社会。苏曼殊感到心中的烈火在燃烧，全身的血液开始沸腾了。

母子重逢

意大利作家亚米契斯《爱的教育》中有一个《三千里寻母记》的故事，感人至深，曾被日本漫画家宫崎骏搬上荧幕。意大利小男孩马克不远万里远赴阿根廷，历经千辛万苦终于寻找到自己的母亲，而他的孝心让生病的母亲重新振作起来。所有的勇气和坚持都源自对母亲的爱，只要展翅在妈妈的天空下，生活的阴霾就会一扫而空。

母亲，你在哪里啊？苏曼殊曾在心里无数次地问。学习之余，他从未放弃过寻找母亲。日本不大，但要找一个人，无疑大海捞针。他只记得母亲的姓名，幼时居住地的大致情形。他不放弃任何蛛丝马迹，只要有一点希望，他都义无反顾地前往，但每次都是失望而回。站在母亲的国度，还是找不到母亲的音讯，苏曼殊愁眉不展。

一天，一位同学告诉他，在离横滨不远的小山村，有一位河合仙夫人，去过中国。苏曼殊感到自己的心快要停止跳动了，他立刻向学校告假，搭车去小山村。车窗外是广阔寂寥的原野，风呼啸而过，远山在天边横亘出苍凉的曲线。不知怎的，他想起幼时母亲带着他站在樱花树下，望着纷飞的樱花。许多记忆都模糊了，唯有那一幕时常在脑海浮现。每当孤独受伤，他抱紧自己蹲在角落里，像受伤的小兽舔舐着伤口时，他就想起那美好温馨的画面。如今，离母亲越来越近了，他突然有种害怕的感觉，会不会还会失望而归，会不会开门的仍然不是母亲？

近乡情更怯，苏曼殊感到全身都颤抖起来了。下了车，他沿着小路慢慢地走。阴沉沉的天空下几户人家点缀在山脚边，溪水静静流过原野，他走近，终于看到其中一户人家的门上写着"河合氏"。他鼓起勇气敲了敲院门，很久才有一位妇人来开门。

"请问是河合仙夫人家吗？"苏曼殊问。

"是的，请问你是？"

苏曼殊感到自己的眼泪快要涌出了，他的喉咙有些哽咽。

"烦您通报一下，我要见她，我是苏三郎。"

该怎样把母子久别重逢的情景再现呢，一切语言都是苍白的。当苏曼殊打开房门，看到苍老的河合仙那熟悉而温暖的脸，母亲模糊的印象一下子清晰起来。他跑到母亲的床榻边，跪了下来，泪水在脸上纵横。河合仙伸出手轻轻地抚摩着儿子的脸，没错，眼前的少年就是自己日思夜想的三郎。他长高了，长大了，唇边还冒出了胡须，但他的眉眼还是透着一点儿时的孩子气。"儿啊。"河合仙轻轻地喊了声，紧紧抱住苏曼殊，怕他再离开。

这不是梦吧，母子俩又哭又笑，千言万语涌到嘴边，又无从说起。分离的日子满是苦涩，在这样的幸福里又何必再提起呢？河合仙一遍遍抚摩着苏曼殊的脸，好像看不够一样。在苏曼殊眼里，母亲苍老多了。记忆里的母亲是那样年轻美丽，穿着美丽的衣裳，带着自己走在满是樱花的路上。而今，皱纹像被生活的风霜刻在脸上，头发也花白了许多。

"自从离开你后，我没有一刻不想念你，但是你父亲家不让我带你走。后来，他们来信说你被老虎吃了，我整日哭泣，眼睛都快哭瞎了。我好后悔把你一个人留在那里，我也想回去看看你，但苏家不让我再踏进他们的门。我只好拼命工作，挣钱寄给你，希望你能生活好一点。"

"可是我从来没有收到过，他们还说我的母亲早就死了。"苏曼殊哽咽着。他终于解开心中的疑问，对苏家更无感情了。

苏曼殊终于有家了，他不再是一只孤雁，他是有母亲，有归宿的人。早晨在母亲轻声的呼唤中醒来，吃着母亲准备好的早饭。上午帮母亲打扫庭院，下午陪母亲散散心，母亲的身体好像一下子好了。有母亲嘘寒问暖，吃着母亲做的饭菜，看着母亲温柔的脸庞，还有什么比这更幸福的呢？

代河合母氏题《曼殊画谱》

月离中天云逐风，雁影凄凉落照中。
我望东海寄归信，儿到灵山第几重？

1907年夏末，刘师培的妻子何震提出向苏曼殊学画，并拟辑印《曼殊画谱》，请河合仙作序。河合仙无此文化程度，就由苏曼殊代笔。这首诗上联绘景，描绘了一幅孤雁离飞，形单影只的凄凉画面，残烟落照中似乎听见孤雁哀鸣。下联一问，写出母亲盼儿归来的望眼欲穿。整首诗，正是母子二人真实的心灵写照。

雪快落下了，苏曼殊又陪着母亲给外祖父扫墓。幼时，母亲常带着苏曼殊到外祖父外祖母家去，那应该是快乐的往事。母亲一路上都在讲那时的故事，时不时问苏曼殊还记得吗。在庭院的树下捉蚂蚁，在村里的小河边吵着要捉小蝌蚪，在村外的果林里摘果子……外祖父表面上严肃，实际上处处纵容着苏曼殊，看他打闹嬉戏，跑来跑去。当苏曼殊要回苏家，坚强的外祖父沉默了，他知道这一别也许就再不会相见。斯人已去，一切都成了一张黑白照片永远定格在时间深处。苏曼殊看着外祖父的墓碑，突然觉得世间的一切都恍如隔世。他流下泪水，向墓碑深深地鞠躬。众生皆苦，唯逝者安息。人世间那么多苦，似乎都尝尽了。苦尽甘来，说的就是自己吧。他向母亲隐瞒了自己出家一事。

当爱情来敲门

"问世间情为何物，直教人生死相许。"世间多少痴男怨女有这样的疑问。

《牡丹亭》中那个长在深闺的痴情杜丽娘早就说出了答案。"情不知所起，一往而深，生者可以死，死可以生。生而不可与死，死而不可复生者，皆非情之至也。"也许与你初见，就注定了一世情缘。说不清楚情之由来，就是在那一天，那一刻，于千万人群中看见你，从此再无法忘记，就像张爱玲的小散文《爱》。

这是真的。

有个村庄的小康之家的女孩子，生得美，有许多人来做媒，但都没有说成。那年她不过十五六岁吧，是春天的晚上，她立在后门口，手扶着桃树。她记得她穿的是一件月白的衫子。对门住的年轻人，同她见过面，可是从来没有打过招呼的，他走了过来，离得不远，站定了，轻轻地说了一声："噢，你也在这里吗？"她没有说什么，他也没有再说什么，站了一会，各自走开了。

就这样就完了。

后来这女人被亲眷拐了，卖到他乡外县去作妾，又几次三番地被转卖，经过无数的惊险的风波，老了的时候她还记得从前那一回事，常常说起，在那春天的晚上，在后门口的桃树下，那年轻人。

于千万人之中遇见你所要遇见的人，于千万年之中，时间的无涯的荒野里，没有早一步，也没有晚一步，刚巧赶上了，那也没有别的话可说，唯有轻轻地问一声："噢，你也在这里吗？"

这是个凄美的故事，却有着明亮的诗意。它淡化了生活的苦涩和灰暗，保留下心底唯一的明净。春天的晚上，一名好在一树桃花下遇到了心仪的男子，于是终生难忘。

没有人看到爱情的结局是悲伤的。就像此时的苏曼殊，没想到在春天的某一天遇到了爱情，又在暴雨来临前凋零。

苏曼殊回到自己身边，让孤独年老的河合仙欣喜万分。她迫不及待地带着苏曼殊去见见自己的姐姐，把自己的快乐与她们分享。河合仙告诉苏曼殊，自己孤苦的时候，如果没有姐姐的照拂和时时安慰，她也活不到现在了。姨母知道三郎回来了，一定非常高兴。

姨母家在另一个村子，有一趟直达的汽车。天放晴后，母子二人就踏上了去姨母家的路。日本的乡间还是平静的，但战争的风云早已暗涌在中日两国之间。苏曼殊看着平静的原野，劳作的农人，心里竟有些不平静。

姨母一见到苏曼殊，立刻抱住这个瘦弱的孩子，流下泪来，河合仙也忍不住泪流满面。这时有一位妙龄女子走来，轻声地安慰母亲和河合仙。姨母赶紧向苏曼殊介绍说："这是静子，你们小时候还常常一起玩耍呢。你走后，静子也常常思念你。"苏曼殊赶紧抬起头，叫了声"表姐"，当他的目光与静子的目光碰撞在一起时，他的脸莫名地红了。静子微微低下头，两朵红云飞在脸颊上，她羞涩地一笑，轻轻走到厨房去泡茶。

长久的内心积郁，又受了点风寒，苏曼殊病了，只好在姨母家养病。姨母和河合仙操劳家务，照顾苏曼殊的任务自然落在静子身上。静子很细心，总是轻声细语，像一缕温暖的春风。"如果冬天已经来了，春天还会远吗？"他知道春天已经在窗外叫醒了沉睡的大地，他听到一首好听的曲子，像山涧的流水冲破残冰，拂过青苔和枝叶。他睁开眼，看见静子在窗边抚琴，窗外是渐渐恢复生机的春天，这是多么美丽的画面啊！他感到神清气爽，身体好了很多。

有时他坐着读一本书，静子悄悄走进来，给几案的花瓶里插上一束鲜花。这是庭院花园盛开的花儿，清雅的香味沁人心脾。静子坐下来，拿起一本诗集。她是那样恬淡的女子，美好得像一幅画。她总是温柔地问候你，会说话的眼睛像一汪秋水。樱花开了，她在树下等他。静子说她最爱的是樱花，在春雨里绽放，零落一地的繁华。走在小路上，花瓣在他们身后飘落。他拉住她的手，她靠在他的肩上，时间若能停止，就让漫天飞舞的樱花，定格在永远的繁华里。

苏曼殊的心快乐极了，他感到老天对他实在太好了。他忘记了自己僧人的身份，忘记了所有的忧郁寂寞，他的眼里只有一个可爱窈窕的身影。只要她微微一笑，所有的烦恼都烟消云散了。幸福是甜蜜的滋味，是爱人红唇的味道。母亲和姨母对他们的爱情很支持。她们都老了，两个年轻人能相亲相爱地生活在一起，是多么美好的事情。何况苏曼殊面目俊朗，才华横溢；静子温柔美丽，诗书琴画皆通。他们就是天造地设的一对璧人。

苏曼殊的世界只剩下了静子和眼前的快乐，竟忘记了返校。连静子都催促他赶紧返校学习，不能中断学业。热恋中的人面对别离，是何等肝肠寸断啊。王实甫《西厢记》中，崔莺莺送别张生，爱别离，最怕冷落清秋节。长亭古道，衰柳长堤，执手相看泪眼，竟无语凝噎。苏曼殊与静子的别离正值暮春，千言万语凝结在喉，只流下两行清泪。

挥手告别的日子终于到了。母亲和姨母为苏曼殊打点好行装，比起从前的孤独，如今有这么多人为自己操心，苏曼殊的心中感到无比温暖。静子拿出自己的积蓄，悄悄地塞进苏曼殊的行囊。她知道苏曼殊在学校生活艰苦，爱人瘦削的脸庞让她心疼不已。她写好一封信，嘱咐他到校后打开看。

到了车站，苏曼殊坐上了车。车窗外的静子久久不愿离开，晚风中她瘦弱的身影像单薄的影子。车开动了，他分明看到她用手抹去泪水，他感到心一阵痛。

爱情像凋零的樱花

苏曼殊怀揣着甜蜜的秘密回到学校，他打开静子的信，娟秀的字迹映入眼帘，泪水又一次模糊了眼睛。静子是多么善解人意的好姑娘啊！她在信中让他好好完成学业，勿以家庭为念，她会照顾好母亲和姨母。至于她自己，也会好好学习，安心等待曼殊回来。

冯自由一眼就看出苏曼殊的变化。他的脸上一扫往日的愁云，嘴角常常莫名地含笑，好像刚从蜜罐里出来。

"你找到你母亲了？"

苏曼殊点点头。

"怎么你看起来像恋爱了？"

苏曼殊吓了一跳，忙问冯自由是怎么看出来的。

"你喜怒哀乐都写在脸上，就差没说出口了。"

沉浸在爱情中的人喜欢跟别人分享自己的故事。苏曼殊向冯自由讲述了自己寻母的经过以及遇到静子的情形，在他的叙述中，静子是多么美丽温柔的好姑娘。

冯自由也很感动，他拍拍苏曼殊的肩膀说："恭喜兄弟，真是让人感动又羡慕啊，找到了母亲又找到了爱情。话说你真是情种啊，恋爱方面简直是高手。要是我能像你一样就好了，不需要别的，只要一人心就够了。"

冯自由的话让苏曼殊大吃一惊。与冯自由比起来，他确实更受女生欢迎，这跟他那风流倜傥的父亲苏杰生多么相像。苏杰生没有把做生意的能力遗传给苏曼殊，倒是把英俊的相貌、恋爱能力全部传给了儿子。自古多情难免悲情，自己和母亲还有苏家的许多女人不都是悲情故事的主角吗？但这样的想法只在苏曼殊的脑子里一闪而过，他的心已经被静子填满了。

苏曼殊一天天计算着与静子相聚的日子。平时他把思念写在纸上，埋在心底，他知道静子也在想念着他。正是相知相惜，他们才心照不宣，这应该就是"心有灵犀"吧。他翻开拜伦的诗集，雪鸿的身影在他的脑海里跃出。前段时间接到表兄林紫垣的信，他在信中开玩笑似的问苏曼殊是不是还在等待雪鸿。苏曼殊一本正经地回信说自己已经皈依佛门。不，静子跟雪鸿不一样。雪鸿开朗大方，她是知己；静子温柔得体，是理想的爱人。

到了休假的日子，苏曼殊恨不得立刻飞到静子的身边，抱住她轻盈柔软的身体。临行前一天，苏曼殊接到了母亲的信。母亲告诉他叔父来了，让他直接回家去。原来苏家在日本仍有生意往来。这次叔父来日本做生意，他听说苏曼殊找到了母亲，就直接去河合仙家中等待。

苏曼殊对叔父的突然到来感到灰心丧气，他不想见到苏家的人，尽管叔父一直在外忙于生意，并没有苛待于他。叔父问了苏曼殊的学业，他对苏曼殊擅长的绘画习文并不肯定。他嘱咐苏曼殊多学习经商实业的知识，好继承苏家的家业，毕竟他是苏家为数不多的男丁。苏曼殊心不在焉地听着，他的心早就飞到姨母家，他仿佛看到静子正站在河边等他。

叔父对苏曼殊的态度很不满意。他随手翻阅起苏曼殊摆放在案上的书本，一张张写满缠绵思念的纸片散落一地，叔父的脸色顿时变了。他终于明白苏曼殊魂不守舍的原因。小小年纪不好好求学却谈起恋爱，而且是跟一个日本女人，这是苏家绝不允许的。作为苏家的后代，成年后自会有长辈为其择一位有钱有势的女子成婚。什么自由恋爱，简直是败坏风气。跟日本女人恋爱，更是大逆不道。这个孩子跟他那不成器的父亲太像了。叔父指责河合仙不好好管教，但河合仙认为这是孩子的自由，作为家长无权干涉。恼羞成怒的叔父大声责问河合仙，是不是故意让自己的娘家人来勾引苏曼殊，生下孩子后回去羞辱苏家的门楣。河合仙气得浑身发抖，眼泪夺眶而出。

苏曼殊扶住母亲，饱受创伤的母亲再一次受到打击，他感到心又痛起来。叔父摔门走了。苏曼殊劝慰母亲不必在意，他不知道叔父悄悄带走了一张纸条，已经去往静子的家中。

天已经热起来了，蝉在窗外嘶鸣，送走闷热的一天。母亲气血攻心，一下子病倒了，苏曼殊暂且不能去静子家。他写了一封短信，告诉静子要延迟几天才能去找她，约她在小河边见面。没有等到静子的回信，苏曼殊的心中隐隐有些不安。暴雨倾盆，山洪暴发了。苏曼殊赶到静子家，看到躺在人群中浑身湿漉漉的静子，像睡着了一样。

原来叔父找到静子家后，告诉静子苏曼殊是苏家的后代，他们永远不可能在一起。苏家已经为苏曼殊找了一位门当户对的中国姑娘，他拿出那张被改过的纸条，谎称苏曼殊已经爱上了他人。静子呆呆地站在那里，全身如披冰雪。她收到苏曼殊的来信，想当面问问他，一切究竟是怎么回事。雨越来越大，她顾不得许多，来到河边，她完全没有想到山洪像一只猛兽，瞬间吞没了一切。

樱花落

> 十日樱花作意开，绕花岂惜日千回？
>
> 昨来风雨偏相厄，谁向人天诉此哀？
>
> 忍见胡沙埋艳骨，休将清泪滴深杯。
>
> 多情漫向他年忆，一寸春心早已灰。

每当樱花盛开的时节，苏曼殊就想起那个如同樱花般零落的女孩。樱花，芬芳美丽却易凋零。一夜风雨，被摧残的樱花飘落在潮湿的地面，最是伤心惜花人。时光真的能抚平受伤的心吗？花谢花飞花满天，红消香断有谁怜。为什么美好总是容易逝去？为什么自己得不到幸福？静子走了，再不能牵着她的手看漫天的樱花，再不能互相依偎看天边的晚霞。所有的幸福和憧憬在一刹那破碎，留在世间的那一个还在承受着痛彻心扉。

苏曼殊一次次地在心底问，每一次都像有千把刀在心里剜。他不知道人生的意义在何处，不知道前面的路要怎样走。佛说，人生来就苦。苏曼殊很想跪在佛祖前，问问这一切悲苦的因缘。

他又一次想到了出家。

再入空门

苏曼殊买了一张回广州的船票，向母亲和姨母告别。他不知道该如何面对两位老人，尤其是姨母。如果一开始就能看到结局，他宁愿从未见过静子，把所有的痛苦加到自己身上。或许自己的存在就是不幸，所有与自己有关的人都会不幸，那么还不如远远地逃离，求佛祖宽恕所有的罪。

河合仙理解儿子，看到他痛不欲生的样子，她不知道如何是好，当儿子提出要回国出家，她的泪又来了。从前她思念儿子常常流泪，现在好不容易回到身边的儿子又遭受这样的打击，她感到无能为力。泪水要是能洗刷一切就好了。如果回国出家真的可以减轻痛苦，那就支持他吧。但一想起姐姐从此孤单，河合仙又悲从中来。

苏曼殊踏上回国的轮船。他望着海天一线渐渐消失的日本，泪如雨下。船能渡人，谁能渡我呢？他感到罪孽深重，真想将这沉重的肉身投进眼前深不可测的海水。但他没有勇气死去，他想静子在最后的时刻，是多么绝望无助。

回到广州，尽管这里是故土，他却茫然四顾。他漫无目的地走在路上，哪里僻静人烟少就往哪里去。他摸摸干瘪的口袋，发现里面还有一粒糖果。红尘一游，还是伤痕累累回到佛门清净地。他想起了赞初大师，或许师父早就看透了一切，只是人生需要自己体验才能悟到真谛。此时的苏曼殊觉得无颜去面对师父。他剥开糖果，含在嘴里，越发觉得心中苦楚。

　　白云山山深林茂，路边的石块上布满青苔的痕迹，长长的石阶直通林子深处。苏曼殊已经好几日茶米未进了，他跟跟跄跄地走了好久，才在树林隐逸处看见寺庙的一角。梵音袅袅，禅香弥漫，苏曼殊走进山门，发现这是一所古寺，上有一匾，写着"蒲涧寺"。

　　寺院清净，落叶都被打扫干净了。杂草从石缝里钻出，老旧的大门沉淀着时光的剥痕。他径直走进大殿，跪在佛祖面前。一位老住持走到他的身旁，询问他有何事。苏曼殊抬起头，看着老住持慈爱的脸，告诉住持他要出家，恳请为他剃度。

　　老住持望着苏曼殊，摇摇头说："我看你尘缘未了，何必一定要剃度呢。佛门清苦，施主还是三思。"

　　但苏曼殊出世之心坚决，他再三恳请，老住持还是摇摇头。无奈之下，苏曼殊望着佛像，决绝地说："若不许我出家，我就以死明志。"说罢，就向柱上撞去。

　　老住持急忙阻止他，叹了口气。

　　苏曼殊在这所古寺又一次遁入空门。三千烦恼丝，将世间的痛苦都带走吧。他日日在佛前诵经，为那些痛苦的人祝祷。

　　蒲涧寺是一所有名的古寺，东坡居士游白云山时曾在此留下许多诗文。只是年代久远，古寺年久失修。苏曼殊浑不在意，出家本是一心向佛，哪里会计较宝相庄严呢。倒是清幽的环境，让他静下心来。

为表示出家的决心和诚意，苏曼殊闭关三月，潜心研修佛法。

时光在木鱼单调的敲打声中慢慢流走。这一段时间，苏曼殊阅读佛经，渐渐领悟佛法。山中岁月安宁，无论外面的世界怎样风起云涌，这藏在山间的古寺，依旧在时光里慢慢老去，看破红尘的老僧，还是扶着竹篱，数着满院落花。在山寺中，苏曼殊在纸上寄托情思，他的画中多是枯枝扁舟、竹杖芒鞋、古刹孤松，表现出高远的意境和非凡的格调。

"山斋饭罢浑无事，满钵擎来尽落花"，守在山寺的青灯古佛旁，苏曼殊的心绪渐渐平静。他始终与母亲通信，只要母亲安好便放心。大同学校的同学与他亦有联系，虽在山寺，山外的风云变幻仍旧了然于心。山中的岁月漫长而寂寥，大同学校的同学青年却在为改变社会的悲剧而努力着。静子的早逝、母亲的悲苦、姨母的泪水，甚至苏家那些整日担惊受怕的女人，这一切都是腐朽的制度造成的，是紫禁城中那个早就烂透了的清王朝造成的。他的热血再一次被点燃了。

一个安静的早晨，趁着山雾还未散去，苏曼殊悄悄打点行装，踏上了东渡的客船。

苏曼殊再次逃离了清净的佛门，回到滚滚红尘中。许多人认为苏曼殊只是把佛门当作避难所，并不是诚心向佛。其实，苏曼殊对佛教理论研究颇深。他曾西行印度潜心学习梵文，仰慕玄奘大师西行求法的壮举，只身前往东南亚，足迹遍布暹罗（今泰国）、越南、锡兰（今斯里兰卡）等地，体察当地的僧侣生活及佛教活动情况。他曾在爪哇（在今印度尼西亚爪哇岛或苏门答腊岛或兼称二岛）作《答玛得利庄湘处士书》，这份书信中，他反对将佛教"取为衣食之资，将作贩卖之具"，认为"自既未度，焉能度人？譬如落井救人，二俱陷溺。且施者，与而不取之谓；今我以法与人，人以财与我，是谓贸易，云何称施？”他对于借道场佛经谋利的俗僧，是相当反感的。与那些靠念经诵佛谋取钱财者相比，苏曼殊在佛学佛理研究上是有建树的。他编撰了著名的《梵文典》八卷，填补了中国佛教史上的一页空白。他还与章太炎合著了两篇著名的文告——《告宰官白衣启》和《敬告十方佛弟子启》，宣讲佛教"风教"的作用，他认为振兴佛教之道，在于弘扬正法，纠正歪风。

他的出家，是对环境和社会的暂时逃避，然而他始终没有真正得到解脱。中国古代的文人对现实不满，便会选择归隐山林。"居庙堂之高则忧其民，处江湖之远则忧其君"，无论处于何种境地，仍然有一颗忧国忧民的心。大隐于市，小隐于野，这是归隐的两种不同境界。伯夷、叔齐不食周粟饿死于首阳山，东晋陶渊明不为五斗米折腰而弃官归于田园，竹林七贤不满司马氏黑暗统治佯狂于世……那些或无奈或自愿归隐于山野的文人墨客，在出世与入世间徘徊不定。是归于江湖，超然世外，还是仕途经济，实现理想？儒家思想始终以积极进取，修身齐家治国平天下影响着一代代的文人学子，而在现实中四处碰壁后，连孔子自身都羡慕起"暮春者，春服既成，冠者五六人，童子六七人，浴乎沂，风乎舞雩，咏而归"的潇洒超脱。放不下，是一个人的情怀；放得下，是一个人的胸怀，能做到这些的又有多少人呢？

因此，苏曼殊不是个酒肉和尚，只是个在出世与入世间徘徊不定的人。他研修佛理，却不是个真正意义上的僧人。

第三章　求学与革命

加入青年会

苏曼殊身披僧袍重回大同学校。对于这样一位才子的归来，学校是很欢迎的。蒲涧寺的山居生活仿佛梦一场，他又回到了现实中。

冯自由一直与苏曼殊保持联系。得知苏曼殊回到学校，他立刻去看望他。苏曼殊剃了头发，穿着僧袍，俨然僧人的打扮。他的脸上故意表现出轻松的样子，但眉间分明堆着愁云。冯自由不知道如何安慰他，只好拍拍他的肩膀，跟他讲一些学校发生的事情。

回到学校的苏曼殊把全部精力用在读书上。大同学校以教授中文为主，这正是苏曼殊的薄弱项。他幼年在日本生活，后又师从庄湘老师，他的日语、英文都说得不错，中文却不尽如人意。好在大同学校使用粤语授课，苏曼殊自幼长在广州，但他的中文基础还是很糟糕。苏曼殊如饥似渴地学习中文，学习博大精深的中华文化。

大同学校是旅日华侨宣扬爱国教育的基地，学校常常将当前战争的最新资讯张贴出来，激发学生们爱国热情和对腐朽落后的清朝的痛恨。每当得知清政府签署了耻辱条约，意味着人民的灾难更加深重，人人摩拳擦掌，恨不能立刻投身革命。在这样的环境里，苏曼殊被深深感染了。他意识到自己也是炎黄子孙、华夏儿女。

苏曼殊很有学习语言的天赋，不久他就能很好地与人交流了。一次他在教授完美术课后，看到秀美的江山图，无比感慨地告诉学生们，祖国美丽的大好河山正被异族入侵，作为华夏儿女，要努力学习，担负起振兴祖国的重任。一位学生疑惑地问道："可是我听说先生有一半日本血统啊。"苏曼殊深情地说："是的，但我是个彻彻底底的中国人，跟你们流着一样的血，说着共同的语言。只要需要，为祖国贡献出自己的一切都在所不惜。"学生们都被他感动了，纷纷鼓起掌来。

苏曼殊深爱母亲，日本唯一使他牵挂的只有母亲。作为炎黄子孙，他的热血要流在中国的土地上，那里才是他眷念的故土。他感到肩上的担子更加沉重，愈加勤奋努力了。

1902年，苏曼殊一边继续在大同学校甲级班学习，一边为升读大学做准备。此时，苏曼殊已经十八岁了。他不再是那个悲苦的少年，而是一位有着家国大义的出色青年了。在大同学校毕业后，他考入东京早稻田大学高等预科。

庚子事变中，清廷害怕义和团势力壮大威胁其统治，一边借助帝国主义侵略者屠杀义和团，一边又想借义和团抵抗外国侵略。义和团被绞杀后，八国联军攻入北京，强迫清廷签订了丧权辱国的《辛丑条约》，这是中国近代史上赔偿数额最大、主权丧失最严重的不平等条约。消息传到日本，留日的反清革命志士们义愤填膺。爱国青年们云集在一起，组织推翻清廷，争取民族独立。苏曼殊爱国忧民的思想愈加强烈。

东京是反清爱国青年聚集地。民主自由的环境，让苏曼殊的身心感到无比舒畅。这里男女平等，自由恋爱，没有家庭包办的悲剧，有的是志同道合，相知相惜。无论来自贫困的家庭的孩子，还是富家子弟，人人平等。每个人都有自己的发言权，可以畅所欲言。男女同学之间也有纯洁的友谊而不会被人非议。他想起了苏家，想起了等级森严的家长制，想起毫无地位像玩物一样任人摆布的千千万万的中国女性，想起在落后思想的打击下凋零的爱情之花。如果整个中国每个人都能像在这里一样，享受着民主平等自由，那该多么美好啊。

在这里，苏曼殊结识了很多爱国人士，与他们成了志同道合的朋友，陈独秀就是其中一位。在早稻田大学开学欢迎会上，苏曼殊第一次见到了陈独秀。陈独秀当时正在东京高等师范学校读书，年长苏曼殊五岁。他清晰的思维、成熟的观点、洒脱的谈吐让苏曼殊大为折服。陈独秀在欢迎会上向青年学子们发表了慷慨激昂的演讲，分析了当时的形势，呼吁青年们组织起来革命。最后他振臂高呼：“国内局势已岌岌可危，满清朝廷腐朽溃烂，中华民族已满目疮痍，再不革命，就有亡国灭种的危险了。”

掌声雷鸣般响起。苏曼殊感到身上流淌的热血都被点燃了。

不久，冯自由将苏曼殊介绍给陈独秀、叶澜等人认识。冯自由比苏曼殊进入早稻田大学早，与陈独秀等人熟识。他们一起来到陈独秀在东京的寓所。陈独秀穿着一件深蓝色的袍子，看上去很亲切。

冯自由指着苏曼殊说：“仲甫兄，我来介绍一下。这位是苏曼殊，也是一位革命青年。上次听了你的演讲，止不住地敬佩你呢。”

陈独秀笑了笑，说：“青年有理想，愿意革命，很好啊。我们留日学生组织了一个爱国青年会，你愿意加入吗？”

苏曼殊问：“爱国青年会的任务是什么呢？”

“很多啊。自从鸦片战争，帝国主义用大炮打开了中国的大门，不平等条约签订，再这样下去，中国这块肥肉就要被侵略者们瓜分了。我们也想过不少救国改革的方案，但罪魁祸首就是腐败无能的清王朝。我们团结起来，发动一场争取民族独立的革命运动，推翻满清朝廷，把帝国主义赶出去。"陈独秀握着拳头说。

苏曼殊坚定地点点头，说："好，我加入青年会。愿意为革命赴汤蹈火。"

三个人的手握在一起。

陈独秀将苏曼殊介绍给爱国青年会的另一位组织者叶澜，苏曼殊正式加入了青年会。

此时的苏曼殊已经成为一名青年革命者了。

青年会的成员与兴中会常常一起活动，苏曼殊又结识了廖仲恺、何香凝，并与孙中山先生也有密切联系。当时，何香凝在日本东京的住宅是孙中山的联络点和开会场所，苏曼殊就是常来参加会议的一个。何香凝是位有才华、有见识的大家闺秀，她和廖仲恺是一对有名的革命伉俪。苏曼殊很喜欢这样的气氛，不仅能感受这对夫妇的热情，还能接受革命思想的洗礼。有一次，孙中山告诉在场的青年，他已经托人弄到枪支，想组建一支义勇队。苏曼殊马上表示自己想参加。这个心思单纯、革命热情又高的青年，总是事事积极。大家都很喜欢和他在一起。

何香凝笑着给苏曼殊几块糖，说："你会打枪吗？"

苏曼殊摇摇头，他剥下一块糖放到嘴里，说："我一定学得比别人都快。"孙中山拍拍苏曼殊的肩膀，肯定地点点头。

不久一支由二十多个留日学生组成的义勇队组建起来了。大家拿到枪都很兴奋。苏曼殊端起这个既沉重又冰冷的铁家伙，朝枪靶打出几发子弹。巨大的冲击力让他一下子后退了，莫名的兴奋竟从心底而生。他觉得自己已经成为一名革命战士了，"战罢沙场月色寒"。革命信仰形成的莫大荣誉感包围着他，他感到快乐极了。

以后的每天早晨，义勇队练习射击，以备参加武装起义。

拒俄义勇队

1903年，帝国主义瓜分中国的狂风浪潮危及中国的每块土地。4月，中俄《交收东三省条约》到期，沙俄拒不遵约，不但不撤走侵占中国东北的军队，反而增兵威胁清廷接受七项无理要求。消息传来，在日留学生满腔义愤。

苏曼殊接到了通知，匆匆赶到中国留学生会馆。他看到冯自由，赶紧问他有没有见到陈独秀。

"他几天前被遣送回国了。"

"为什么？"苏曼殊问。一段时间的接触，陈独秀俨然是他的兄长了。

冯自由知道陈独秀没有告诉苏曼殊事情的经过。苏曼殊的革命经验还不足，他还太单纯、太年轻。"他总会在革命的风暴中成长的"，陈独秀对冯自由说。1903年3月，陈独秀同其他几名革命青年，悄悄计划着一件事件。

原来，昏庸无能的清廷怕留学生卷入拒俄运动，要求日本政府把在东京留学的青年会领导人遣送回国。为表示对清廷的强烈抗议，3月31日夜晚，陈独秀与邹容、张继等人悄悄潜入清廷委派到日本的湖北留学生监督姚文甫的住所，将姚文甫从床上拖起来，要砍掉姚文甫的头。姚文甫求饶后，由张继抱腰，邹容捧头，陈独秀挥剪，将其拖在脑后的长辫子剪掉，以示"割发代首"，挂在留学生会馆。天亮后，姚文甫报警，日本警方很快查出"剪辫事件"为陈独秀等人所为，4月底，陈独秀等人被驱逐出境。

苏曼殊惊呆了。他没有想到文绉绉的仲甫兄竟有这样的胆量，做出这样的惊人之举。他知道革命不是只有一腔热血，喊喊口号而已，革命需要勇气、智谋，有时还要使用暗杀手段。他想起陈独秀早就从师范学校转到了陆军士官学校——成城学校学习军事，他立刻对这所学校产生了向往。在横滨侨商的帮助下，他终于转入该校。"男儿何不带吴钩，收取关山五十州。"苏曼殊无疑是革命的积极践行者。年轻的苏曼殊在这所军校苦练杀敌本领，他还遇到一生的挚友刘季平。他们惺惺相惜，志趣相投，共同踏上革命道路。

1903年4月29日，由留日学生秦毓鎏、叶澜、钮永建等人发起，500余名留日学生在东京锦辉馆集会，声讨沙俄侵华罪行，决定成立拒俄义勇队，开赴东北，与沙俄侵略军决一死战。

秦毓鎏激动地说："沙俄侵占我国东北已经三年了。去年的今天，沙俄和我国朝廷订了条约，规定将侵占中国东北的俄国侵略军分三批，在十八个月内全部撤走。但这个侵略成性的沙俄不仅违约不撤军，反而不断地增派军队，还向清廷提出七项无理要求。同学们，国内的上海、北京、湖北、江西等地，已经纷纷举行抗议集会。我们提议，在日本留学的爱国学生们，组织一支'拒俄义勇队'，开赴东北前线，把沙俄的侵略军打回去，保住中国的领土。当然，干革命、赴沙场就意味着会有流血牺牲，但是好男儿就应该'捐躯赴国难，视死忽如归'，就算马革裹尸还，又能如何，你们说对吗？有没有人愿意报名？"

当即就有黄兴等200余人签名参加，苏曼殊冲到最前面，庄重地签下自己的名字。一些女同学也举手了，她们积极行动组成赤十字社，进行随军看护工作。大会还决定派钮永建、汤栖为特派员回国宣传拒俄，赴天津促使袁世凯主战，并致电上海各爱国团体及派人到南洋各地宣传拒俄。

5月2日，留日学生在东京锦辉馆开会，把拒俄义勇队易名为学生军，并制定通过了《学生军规则》，正式组编学生军队伍，由蓝天蔚担任队长，下分三个区队，每个区队又设四个小分队，每小队约10人。苏曼殊与黄兴、陈天华等被编入学生军甲区队第四分队，每天像军人一样进行操练，随时准备开赴东北前线。

一天晚上，拒俄义勇队的骨干正在开会，几个荷枪实弹的日本宪兵和一个官员闯了进来。根据密探的线索，他们早就盯上这里了。环顾了一下几个学生，官员没有多话，拿出一张纸。"这是日本政府的命令。下面我来宣读一下。中国在日留学生组织的拒俄义勇队，清廷认为名为抗俄，实则作乱。在日本的领土上，不允许其他国家训练武装人员，即日起解散中国留学生拒俄义勇队。"

每个人都怒气冲冲。官员顿了顿接着说："你们大清朝廷驻日公使蔡钧先生也不同意这个组织的存在。"说完，官员扬长而去。大家才知道，清廷获悉拒俄义勇队的行动后，十分恐慌，密令逮捕回国代表，同时勾结日本政府，强令解散学生军。在座的人一时都沉默了，拒俄义勇队不能就这样轻易被扼杀，革命的火焰不会这样轻易浇灭。只要有希望，就要革命到底。大家一起商议，既然不许训练武装人员，不如重新改组，换个名称接着革命。

5月11日，拒俄义勇队易名为军国民教育会，用文章鼓吹革命理念，用口号发动人民起义，必要时用暗杀的方式来开展革命工作。在此期间，上海的中国教育会和爱国学社也组织了拒俄义勇队。

爱国青年们点燃的革命火种已经到处传播，总有一天会成燎原之势，让腐朽的清王朝，在历史的深渊里化为灰烬。

回 国

苏曼殊积极参加革命活动，引起了资助他上学的表兄林紫垣的警觉。一天，苏曼殊去林紫垣的住所领取一月的生活开支，林紫垣叫住了他。林紫垣早就听说东京早稻田大学有一群学生很不安分，他早先就曾反对苏曼殊到早稻田大学学习什么政治，苏曼殊不听，他也只能由着他。但苏曼殊要是参加反动组织，无疑是要了他的命了。他试探着问他最近忙些什么。苏曼殊开心地告诉他，一切都挺好的，就忙着学习了，没有常常来看望他。

林紫垣告诉苏曼殊最好不要跟着一帮学生搞不切实际的事情，那是要掉脑袋的。苏家不希望被连累，他也不希望被连累。

苏曼殊是个性情单纯的人，觉得参加革命是他的理想信念，但表兄只想着自身实在是思想狭隘。他忍不住对林紫垣说："那不是不切实际的事，那是革命。我们干革命，是为了推翻腐朽的清王朝，是……"

"放肆！你怎么说出这样大逆不道的话来。我只想安安分分地做生意，不想跟什么政治、革命扯上关系。当初我带你来日本，是希望你能好好读书，振兴家族。你倒好，整天都在做些什么？你现在还在早稻田大学吗？"

"我在陆军学校。"

"什么？你要搞什么军事吗？我花钱给苏家培养个逆子出来了。"林紫垣气得脸色发白。

"表哥，我……"苏曼殊说不下去了。他感激表兄这么多年的资助，但他宁可不要资助中辍学业，也不会放弃革命的。

林紫垣平静地说："我不能再资助你了，我怕你这样下去会给苏家带来灾难。你要愿意留在日本，就跟我做生意。要是回广州，我给你买一张船票。"

苏曼殊坚定地说："我不会放弃革命的。革命思想让我重生，我不想再回到黑暗里去。感谢您这么多年的资助。"说完，向林紫垣鞠了一躬，径直离开了。

没有了林紫垣的资助，苏曼殊身无分文。他漫无目的地在路上走着，落叶在他身后飘落，洒下一地破碎的过往。他拖着疲惫的身子回到寓所，正碰上来找他的冯自由和刘季平（刘三）。

冯自由和刘三听了苏曼殊的话都沉默了。当现实和理想信念产生矛盾时，苏曼殊毫不犹豫地选择了理想信念，这么好的青年，怎么能在现实面前被打败呢？大家的生活都不宽裕，刘三安慰苏曼殊，说他们可以一起吃住，只是会更艰苦些。苏曼殊摇摇头，平日里他的生活一拮据就向刘三伸手，何况这也不是长久之计。

冯自由一拍大腿说："你可以回国继续革命啊。你去香港投靠兴中会负责人陈少白，他在香港办了一个《中国日报》，你可以去他那里谋个职位，继续从事革命。我马上写一份推荐信，你带上。"

无处可去的苏曼殊觉得这真是个好主意，他立刻同意了。

回国之前，他回到横滨乡下，看望母亲和姨母。无论苏曼殊做出什么样的决定，母亲都是支持的。她不是溺爱儿子，因为她知道这个孩子从小就有自己的想法，他是那样聪明，一定会安排好自己的事情。现在他已经19岁了，自己已经操心不上了。

　　19岁的苏曼殊感到自己还一事无成，心中很烦闷。他觉得对不住母亲和姨母，不能为她们做什么，反而让她们为自己担心。他安慰两位老人，也像是安慰自己。

　　苏曼殊坐上了回国的轮船，许多人来为他送行。这么多的好友，让苏曼殊的心中感到温暖。冯自由交给他一封信，说是汤国顿留给他的，因事无法来送他，望他能珍重。汤国顿与苏曼殊亦师亦友。在大同学校，他是苏曼殊的老师，看到苏曼殊中文基础不太好，总是热心地为他讲解补课；他也是苏曼殊的朋友，他们都胸怀报国之志，却总是无法实现抱负。他们是忧国忧民的爱国青年，"苦心忧国计难工"。汤国顿的信中，饱含关切之情，期望之意。"多情自古伤离别"，多愁善感的苏曼殊抱着信泪流满面。他忍不住写下两首诗，这是苏曼殊留下的最早的诗。

以诗并画留别汤国顿（二首）

一

蹈海鲁连不帝秦，茫茫烟水著浮身。

国民孤愤英雄泪，洒上鲛绡赠故人。

二

海天龙战血玄黄，披发长歌览大荒。

易水萧萧人去也，一天明月白如霜。

诗中"蹈海鲁连不帝秦"的典故，是说战国时期，秦昭王有称帝的野心，派秦国军队攻打赵国，齐国人鲁仲连以利害劝说赵魏两国大臣，阻止秦昭王称帝，并表示如果秦昭王称帝，他就跳海而死。秦军败退后，赵国的平原君拿出千金酬谢他，他拒不接受。引用此典故，苏曼殊大有投身革命，舍身取义之意了。

荆轲至易水上曾有歌曰："风萧萧兮易水寒，壮士一去兮不复还。"何等凄怆，何等悲壮。苏曼殊觉得自己就是荆轲，在这茫茫大海上，背负着归国反清的决心。

这个时期的苏曼殊，已经将个人的情感完全投入革命的洪流，在民族危难之际，完成了由小我到大我的升华。

行至苏州

数日的海上漂泊，船终于要靠岸了。

这一次苏曼殊以革命者的身份归来，怀揣满腔豪情，仿佛自己就是那个冲在革命队伍前列的勇士。

熙熙攘攘的码头近在眼前了，迎接的人群在不停地挥手。苏曼殊知道不会有人迎接他的归来，他甚至不知道去往何处。回广东？回到那个阴森腐朽的苏家？在他眼里，苏家就是黑暗的封建社会的缩影，自己跟那里已经没有一点关系了。到佛门清净地，不，经过了革命的熏陶和洗礼，他的心中像装着一团火焰，他要把自己的生命投身到革命中去。那无论何处都是一样的，苏曼殊打点行装，在上海上了岸。

到处是行色匆匆的人和荷枪的宪兵，萧条沉闷的景象让苏曼殊火热的心冷却下来。革命到底为了什么？自己连表兄都说服不了。他突然很想捉弄一下表兄。他掏出纸笔写下一封信，大意是承蒙表兄在日本的资助，深表感谢。但因表兄反对革命行为，曼殊不革命就死。今日黄浦江投江死矣。写完信，他书上地址，将它投入信筒。或许是无人关心的寂寞，让他心生了孩子一样的恶作剧，这和顽童以此来吸引别人的注意很相似。这诈死的恶作剧让苏曼殊有种心满意足的快感。他不知道这封书信引得家人好一阵恐慌，直到千方百计打听到苏曼殊的行踪才放心，毕竟他是苏家为数不多的男孩。

同行的吴帙书、吴绾章兄弟看出了苏曼殊的窘迫，他们邀请苏曼殊到苏州去，可以暂时找到落脚的地方，正在发愁的苏曼殊爽快地答应了。

苏曼殊从未到过苏州，只知道"上有天堂下有苏杭"，是人间至美之地。下车后，吴帙书告诉苏曼殊苏州吴中公学需要一名英文教员，自己可以带他去看看，苏曼殊欣然答应。

当时苏州嚷着兴学，各处要设立小学堂。吴中公学便是由几位家长以及几位号称开明的学界中人组织的，学社里的费用由学生家长们公摊，房子也是一位汪姓家长无偿借给学校用的，教职员都不领薪水。

苏曼殊在吴中公学安顿下来，住在学校，享受膳食供应。吴帙书还将他介绍给吴中公学的另一位教员包天笑，希望包天笑能照顾他。包天笑是著名的通俗小说家，当时在吴中公学义务教国文。苏曼殊沉默寡言，见人也是怯生生的。包天笑操着一口苏州话，苏曼殊一句都听不懂。苏曼殊会说粤语，包天笑也不甚明白。无奈，包天笑拿出纸笔，将要表达的话语写在纸上。两人就这样交谈起来。

纸上相逢的知己，交流渐渐多了。包天笑教苏曼殊说苏州话，极有语言天赋的苏曼殊，也慢慢听懂了苏州的吴侬软语。

江南的烟雨，迷蒙在亭台楼阁的婉约惆怅里。吴宫花草，深埋历史的痕迹。姑苏的明月下，寒山寺的钟声还在愁苦的异乡人梦中。苏州，这片历史厚重、风景如画的土地，像一粒种子，埋在苏曼殊的心里，对他的一生产生了深远的影响。苏曼殊后来加入南社以及与一众通俗作家和上海文人群的交游，与此都有千丝万缕的联系。

闲来无事，苏曼殊便拿起画笔绘画。他本就善于绘画，何况江南如画，更激发了他的灵感。据包天笑《钏影楼回忆录》所记，在苏州任教时，绘画成为苏曼殊一大嗜好，他也常常将画赠送给友人，其中最有名的是《吴门闻笛图》和《儿童扑满图》。

在《吴门闻笛图》上苏曼殊题曰："癸卯入吴门，道中闻笛，阴深凄楚，因制斯图。"苏曼殊的画意境高远，颇有魏晋风范。章士钊1961年为图题诗："张楚狂潮六十年，入吴风味溯从前。故人遗墨分明在，却忆遗踪总惘然。（癸卯为光绪二十九年，是岁，君与吾不告而别。）"，大概1903年苏曼殊由日本归国，没有来得及与章士钊告别。"一代斯文天纵才，偶然挥洒便崔巍。潇疏几树阊门柳，谁道情僧少作来。（君作此画，年才弱冠。）"落款为："辛丑春为均量先生题曼殊画幅。孤桐章士钊，时年八十一。"

1971年包天笑题诗云："曼殊骑驴入苏州，柳色青青笛韵幽。卸却僧衣抛去笠，偏教遗墨作长留。""渡海东来是一癯，芒鞋布衲到姑苏。悠悠六十年前事，忆否儿童扑满图。（曼殊初到苏州，在辛亥之前。今又辛亥年矣，忆在吴中公学社楼上，为我画《儿童扑满图》之作，而寓意殊深。惜已遗失。）今观此图，如见故人。均量先生嘱题。辛亥初秋，天笑，时年九十六。"

一幅画作，两位老人跨越半个世纪仍然念念不忘，其实更是对故友的思念。一见故友旧作，仍旧忆起那个性情坦率、才华横溢的少年，仿佛回到六十年前。只是时光匆匆，何处寻得旧迹呢？

苏曼殊为包天笑画了一幅《儿童扑满图》，一个孩童，在参天大树下用力敲碎他的存钱罐。据《西京杂记》：扑满者，小孩贮钱器也。苏曼殊在题识时，端端正正地写上"扑满图"三个字。包天笑惊喜地说：

"原来寓意深远呢，扑灭满清，真好真好。"

包天笑在《钏影楼回忆录》中写道，苏曼殊"喜欢涂抹，有时写几句西哲格言，有时写一首自作的小诗，即以示我，最后则付诸字篓"。在闲适的生活里，写写画画，随手丢弃，所作的小诗也可请教好友。平静的教书生活并没有让苏曼殊忘记革命。

秋末，苏曼殊与友人相约苏州城西狮子山"招国魂"以警醒沉睡的国人。狮子山横卧在吴中开阔的原野上，风吹松涛，俨然雄狮仰天长啸。1903 年 11 月 19 日，十八位爱国青年登上狮子山顶，竖起招魂幡。黑布制成的幡长四五尺，横六七寸，呈狭长形，下面分开，为两尖角，中有四字草书"魂兮归来"。一面白幡，竖在黑幡旁边，上面画着一只威风凛凛的雄狮，作朝天怒吼状，意即睡狮已经觉醒，将一吼惊天动地。下款是"共和纪元第四十六癸卯十月辛亥朔"，署名曰"黄帝之曾曾小子"，意为炎黄子孙。黑白两面幡旗一竖，狮子山顿时被一派慷慨悲壮的气氛笼罩，招国魂开始了。

众人摆开带来的招魂祭品，先祭祀了一番后，大家放声痛哭，把酒浇在狮山顶峰的狮子头上，要让睡狮睁开它紧闭的双眼，朱梁任先生和泪即兴赋诗：

> 归去来兮我国魂，中原依旧属公孙，
> 扫清膻雨腥风日，记取当时一片幡。

之后，大家引吭高歌，唱起了由包天笑作的《招国魂歌》：

> 吁嗟神圣我祖国，
> 沉沉睡狮东海侧。

山头声凄恒，

悲风猎灵旗墨。

奋力鬼雄翔一声，

魂兮归来我祖国。

大家反反复复，唱了一遍又一遍，越唱越悲不可抑，越唱越心潮难平，情绪达到最昂扬亢奋时，朱梁任拿出随身带来的一杆前膛枪，朝清廷所在的北方"砰"地放了一枪，表明了革命者坚决与昏庸腐败的清王朝决裂，誓建一个民主共和新国家的坚定决心。枪声震彻原野，一波一波荡开去，叩击了多少人的耳鼓。"魂兮归来"，千年前爱国诗人屈原写下悲怆的《招魂》诗，爱国的深情在声声泣泪中深入骨髓。千年后，爱国青年们在狮子山为国招魂，国家危难之际，为家为国是每个青年的责任。在凛凛秋风中，苏曼殊又得到了一次革命思潮的冲击。

不到一年，吴中公学解散，苏曼殊只得离开苏州了。恰好此时，他收到了陈独秀的书信，要他到上海去。

临行前，包天笑等人为苏曼殊践行。包天笑很重感情，心中有些不舍，见苏曼殊没有路费，立刻慷慨解囊。但他们心中都知道，终有再见的一日。道完"珍重"，苏曼殊踏上了去上海的路程。

《国民日日报》

陈独秀回国比苏曼殊早些。一回国，他立即返回安庆，利用青年励志社，组织有志青年，参与拒俄运动。5 月 17 日陈独秀在藏书楼举办爱国讲演会，安徽大学堂、武备学堂及桐城、安庆等校学生 300 多人冒雨赶赴会场，陈独秀慷慨陈词，号召青年学生"振尚武之精神，使人人能执干戈卫社稷，以为恢复国权之基础"。清廷安庆知府桂英很快查封了藏书楼，并勒令各学堂总办开除进步学生。陈独秀闻讯，于 6 月 27 日星夜逃出安庆，避居上海。到上海后，由张继介绍，陈独秀与张继等人协助章士钊创办《国民日日报》。

《国民日日报》一创刊，就受到很多进步知识分子的欢迎。报社也需要吸纳更多的人才，陈独秀马上就想到了苏曼殊。在日本时，苏曼殊就称陈独秀"仲兄"，两人很是投缘。陈独秀听说苏曼殊在苏州，就热情地向苏曼殊发出邀请，苏曼殊很兴奋，立刻投奔陈独秀。或许苏曼殊自己都没有想到，这次上海之行竟是自己走上文学创作道路的开始。

初到《国民日日报》的苏曼殊还不太会作文，跟当时的文学大师比较，他自小没有受过系统的文化教育。但他好学努力，幼时读过私塾，后又在大同学校学习，他已经深爱祖国博大精深的文化。在报社工作，不能不通文墨，苏曼殊决定好好学习汉语了。

报社的创办人章士钊、何梅士、陈去病等都是文学大家，陈独秀更是古文功底深厚，于是苏曼殊请陈独秀教他作古诗。陈独秀自己也说起过："他（苏曼殊）从小没好好儿读过中国书，初到上海的时候，汉文程度实在不甚高明。他忽然要学做诗，但平仄和押韵都不懂，常常要我教他，他做了诗要我改，改了几次便渐渐的能做了。"苏曼殊学习语言的能力确实让人另眼相看，这与他的勤奋也不无关系。苏曼殊学诗时，将自己关在屋内，仔细研读经典诗文，苦思冥想创作，将写好的诗文拿给陈独秀看。没过多久，古诗创作进入佳境，进步之神速令人大感意外。

学诗过程如何，大可参考《红楼梦》中"香菱学诗"的故事。兴趣是最好的老师，当你开始疯狂着迷某件事，你离成功也就不远了。香菱日夜想着作诗，连梦中都在思考。精诚所至，金石为开，努力的收获是你拥有的最充实的幸福。苏曼殊仅用了一月有余就能写诗，与他的天赋也有很大的关系。柳亚子曾言："曼殊的文学才能不是靠死读书读出来的，全靠他的天才。"话虽绝对，可见天赋对于学习事半功倍的作用。

学习写古诗之余，苏曼殊酷爱阅读法国文学。他曾跟庄湘学习过一段时间的外文，后来又不断自学，能翻译英文、法文著作。他对小仲马的《茶花女》情有独钟，百读不厌。当时国内已有林纾翻译的《巴黎茶花女遗事》，且影响较广。林纾的译著通篇文言，且带有个人的观点，苏曼殊读后觉得不满意，计划重新翻译《茶花女》。他把这一想法告诉了陈独秀。陈独秀却认为，与其翻译《茶花女》，还不如翻译雨果的《悲惨世界》。《悲惨世界》是法国文学中最具时代特征和社会意义的作品，小说所揭示的人道主义精神和空想社会主义思想，正是他们这批站在时代前沿的中国知识界精英所要探索的思想武器。苏曼殊欣然接受了这个建议。

很快，苏曼殊将前几章的译稿交给陈独秀。陈独秀翻了几页，再看看原文，明白了苏曼殊的翻译是借外国的《悲惨世界》消中国人的块垒。陈独秀很认同这样的创意，他将文法不通顺的地方进行了润色修改，鼓励苏曼殊大胆地翻译杜撰，并将《悲惨世界》更名为《惨社会》。

1903 年 10 月 8 日，《国民日日报》副刊，一条醒目的标题《惨社会》刊登出来，署名是：法国大文豪嚣俄著，中国苏子谷译。

《惨社会》在《国民日日报》连载了，占据了副刊头版的位置，得到了众多读者的认可和喜爱。对于一个写作的初学者，苏曼殊一下子感受到了无穷的动力。他看到了文字的力量，意识到革命不仅需要枪炮，也可以以笔为武器。

苏曼殊和陈独秀合译的《悲惨世界》，若从文学的角度去严格分析，它对原著是很不忠实的。苏曼殊借用原著人物故事进行再创造，塑造了一位革命侠士明男德行侠仗义的形象，大有借他人酒杯，浇自己块垒之感。他们将小说中的男主人公取名为"明白"，字"男德"，谐音"难得明白"，其他一些人物如范桶谐音"饭桶"，吴齿，字小人，谐音"无耻小人"，甚至出现了孔子、小脚等，无不鲜明地表达了他们强烈的爱憎之情。

《惨社会》在《国民日日报》上连载了 11 回后，《国民日日报》被查封。苏曼殊没有翻译完《悲惨世界》，就离开了上海。上海镜今书局的老板对陈独秀说："你们的小说没有登完，是很可惜的，倘若你们愿意出单行本，我可以担任印行。"于是，陈独秀担任起译著的整理和润色工作，并从第 12 回译至 14 回，书名改为《惨世界》，署名苏子谷（苏曼殊）、陈由己（陈独秀）合译。1918 年苏曼殊去世后，上海泰东图书局在翻印此书时，为突出纪念苏曼殊，将书名改为《悲惨世界》，并删去了陈由己的名字，使译稿变为苏曼殊的遗著，以至于后来不少人都一直以为《悲惨世界》的译者仅为苏曼殊一人。这些都是后话。

在翻译《悲惨世界》之余，苏曼殊又开始进行创作了。他想起在日本收集到的美国无政府主义者郭耳缦的资料，他对郭耳缦无政府主义思想及勇敢的刺杀行为很是赞赏，顿时决定要将这个故事介绍给中国人，作为唤起国民推翻封建统治阶级的代表。于是他写下《女杰郭耳缦》，文辞激烈，对皇帝极尽讽刺，带有强烈的革命色彩。众人纷纷称赞苏曼殊很有革命激情。

《女杰郭耳缦》占了《国民日日报》整整一个版面，报纸加印了一倍，还是早早售完了。

苏曼殊感到了莫大的鼓舞，他开始马不停蹄地构思下一篇文章。陈独秀看他夜以继日地翻译、写作实在辛苦，便买来他最喜爱的牛肉和摩尔登糖。一看到糖果，他就两眼放光，甜蜜的味道滑入喉咙，苦涩就反弹出来。他想起在日本买牛肉和糖果时，常常碰到那些装腔作势、装作外国人的广东人。呜呼哀哉，数典忘祖是多么可悲可愤。一个题目在脑子里碰撞，他立刻写下《呜呼广东人》。

《呜呼广东人》的开头写道："吾悲来而血满襟，吾几握管而不能下矣。"结尾又重复，读来使人仿佛看到苏曼殊怒发冲冠的神态。苏曼殊久居日本，看到归化日本籍的广东人须有资财才准入籍。这些人以商起家，为求保护，纷纷加入日本籍，成了东洋人，欺虐自己同胞。

他愤恨地写道:"中国不亡则已,一亡必先我广东;我广东不亡则已,一亡必亡在这班入归化籍的贱人手里。"苏曼殊对这种认贼作父、崇洋媚外的奴性深恶痛绝,尽管自己是中日混血,在民族文化的自我认同上,他深深感到自己是中国人。

陈独秀对这篇针砭时弊的文章很赞同,认为很应时。《呜呼广东人》被刊登出来。

由于《国民日日报》以鼓吹革命为宗旨,不断揭露清廷的黑暗统治,在长江一带被禁发,造成经费短缺,于 1903 年 12 月初被迫停刊。这张宣扬民主革命的报纸,不仅把革命的火种传播到人们的心中,也给后人留下了宝贵的文化史料。停刊后的第二年,东大陆图书译印局出版了《国民日日报汇编》,共四册。

离沪南下

苏曼殊感到失意、愤怒，心中燃烧起来的革命火焰，难道就要被腐朽的清廷浇灭吗？报纸停刊后，报馆的同人们都各奔东西，另谋出路了。陈独秀、章士钊、何梅士、苏曼殊四人在租界另租了间斗室住下来。

从忙忙碌碌一下子变得无事可做，大家的心情都很郁闷，报国之路不知在何处。他们白天看着街上的人行色匆匆，租界地的外国人嚣张跋扈。夜幕来临，他们就在灯下默默看书。沉闷的空气笼罩在每个人的心头。

几天后苏曼殊想走了。虽然与志同道合的朋友一起，但报纸停刊，报国无门，他不能在这斗室里闷死。他就像一片云，漂泊成了人生的一部分。陈独秀极力挽留他。苏曼殊很敬重陈独秀，只好答应他再等等。

一天，陈独秀和章士钊出门办事，只剩下何梅士和苏曼殊在寓所。何梅士很喜欢戏剧，苏曼殊趁机拉着何梅士到上海大剧院看戏。两人买了票，刚刚坐下，苏曼殊就对何梅士说自己没带钱。

"没事，我已经付过钱了。"何梅士说。

"那怎么行，我请客啊。你等我一下，我回去取钱。"苏曼殊说完就匆匆走了。

夜上海，霓虹灯闪烁着暧昧的光，秋风瑟瑟，人来人往，然而这些都与苏曼殊无关。他一口气跑回寓所，发现陈独秀和章士钊还没有回来。他赶紧收拾自己的行装，正准备出门，忽然想到自己没有路费。他扫视了一眼乱糟糟的房间，目光定格在章士钊的行李上。前几日章士钊曾将三十个银圆放在行李里。他赶紧伸手摸摸，果然还在，就顺手装进了自己的口袋。末了，他拿出一张纸，写了几句话，就打开门消失在茫茫夜色里。

可以想象陈独秀、章士钊、何梅士回到寓所，看到这遭了劫难一样的房间作何感想。苏曼殊在纸上告知了自己的苦闷和不辞而别的原因，对拿了章士钊的大洋做路费表示歉意，自己离开上海到香港继续革命去了。三个人面面相觑。

"看来他铁了心要走啊。"陈独秀叹了口气。

"还把我诓到剧院，自己溜了。"何梅士一副受害者的模样。

"哎，还把我的三十个大洋全都拿走了，一个不剩。"章士钊哭笑不得。

苏曼殊无意中找到了冯自由在日本给他写的介绍信，信中让他去香港找《中国日报》的负责人陈少白。苏曼殊打定主意，南下去香港。途中经过长沙，他想不如先去长沙看看。

船行至湘江，茫茫江水似从天边滚滚而来。湘江大地历史厚重，这里是中国第一位爱国诗人屈原的故里。苏曼殊望着滔滔江水，厚重的历史从千年前的某一页开始翻阅，满满写着的是对这片古老土地的深情。汉代文学家贾谊曾作《吊屈原赋》，在长沙潮湿地，忧郁伤感的贾谊自感命不久矣。苏曼殊深深叹了口气，无论屈原还是贾谊，历史的车轮滚滚而过，留在时间中的文字还在散发着魅力。千秋万岁名，寂寞身后事。倘若行遍大江南北，也不枉此生了。苏曼殊忍不住双手合十，默默对着湘水凭吊起屈原。船已经慢慢靠岸。

南岳衡山，山势雄伟，风光秀美。到此名胜，苏曼殊自然要登览观光。登上衡山最高峰祝融峰，俯瞰湘江缓缓流过，苍茫大地令苏曼殊感慨万千。他想起黄龙大师登峨眉绝顶，曾仰天长叹曰："身在此间，无言可说，唯有放声恸哭，足以酬之耳。"

傍晚夜色茫茫，苏曼殊行至一寺院，夕阳的余晖洒在"雨华庵"三个大字上。苏曼殊走进寺院，请求挂褡。住持法师见是位年轻的僧人，便问其法号。苏曼殊答曰："曼殊。"

住持兴奋地问："莫不是人称画僧的曼殊和尚？"

苏曼殊笑着说："不敢当。"

住持安排晚斋，请求苏曼殊一定多住几日。苏曼殊见此地清雅幽静，便答应下来。第二日，住持向苏曼殊求画，苏曼殊自然同意。

拿起画笔，点燃一支雪茄，思绪随着烟雾飘荡开，他默念起天然和尚的诗句：

> 怅望湖州未敢归，故园杨柳欲依依。
> 忍看国破先离俗，但道亲存便返扉。
> 万里飘蓬双布屦，十年回首一僧衣。
> 悲欢话尽寒山在，残雪孤峰望晚晖。

一位万里漂泊、踽踽独行的孤僧形象在脑海里渐渐清晰。残雪未尽，斜阳如血，孤峰高耸入云，一位僧人竹杖芒鞋，衣袂飘飘，挂着褡裢缓缓而去。苏曼殊落笔画下《参拜衡山图》，整幅画意境高远，笔触淡雅，有超然之感。

苏曼殊将此画交给住持，住持大喜过望，千恩万谢。苏曼殊淡然一笑，离开寺院，向更南方而去。

到达香港

　　船到香港，苏曼殊找到中国日报社，见到了陈少白。陈少白比苏曼殊年长十五岁，是《中国日报》的负责人。

　　1890年，陈少白赴香港前，认识了当时正在香港学医的孙中山，两人一见如故，谈得十分投契。他们朝夕相处，结为知交。1892年，孙中山从香港西医书院毕业，一面挂牌行医，一面进行革命活动。这时，陈少白急不可待，未毕业便辍学，随孙中山来往广州与香港之间，协助孙中山宣传革命思想。1894年，孙中山在檀香山建立中国第一个民主革命团体——兴中会。第二年，孙中山返香港与陈少白等建立了兴中会总机关，在省港澳地区秘密串连发动革命志士，为武装起义做准备工作。后因谋事不密，起义失败。

　　孙中山在第一次广州起义失败后，总结经验教训，他认为起义失败的重要原因之一就是革命宣传未能深入人心。因此，他决定在香港办报，利用报纸宣传革命道理。陈少白根据孙中山的意见，马上进行筹备，并于1900年创办出中国民主革命派的第一张报纸《中国日报》，并亲任该报社社长和总编辑。在陈少白的主持下,《中国日报》刊登了一批宣传革命的文章,对唤醒人民群众起来推翻封建统治,建立民主共和起到了很大的推动作用。这份报纸,成了宣传革命道理的重要阵地。

苏曼殊一来到中国日报社,就被这里忙碌有序的场景吸引住了。他摩拳擦掌,预备在这里一展拳脚。然而陈少白并没有立刻分配给苏曼殊工作,而是让他先休息几天。苏曼殊感到革命热情遭受冷遇,但陈少白马上给他安排了宿舍,让人带他出去吃饭。苏曼殊只好作罢。

一连几天,还是没有消息。苏曼殊感到自尊受挫了,他想起自己在《国民日日报》时是何等的意气风发,心里很是失落。或许陈少白不了解苏曼殊的才华,抑或陈少白并不欣赏苏曼殊的风格,苏曼殊成了报社里挂名的闲人。

苏曼殊整日闷闷不乐,报社里的人都在忙着跟保皇派论战,也不太搭理他。苏曼殊只好闭门作起画来。然而生活的平静终于有一天被打破,与保皇派康有为有关。

维新变法失败后,康有为在孙中山的帮助下逃亡到日本东京。当时与康同行的梁启超想与孙中山联合起来重组新党,但康有为已经不同往日。他联合孙中山假意建党,骗取了华侨们的募捐,一边积极与清廷联系,发誓保皇。过了一段时间,康有为渐渐看出他的"保皇"大业难以实现,便携巨款到了香港,稳稳地当起了"寓公"。当时湖南"哥老会"的两个首领杨鸿钧、李云彪,因为参加革命党发动的武装起义遭清廷缉捕,流落香港后,贫病交加,无计可施,只好找到了中国日报社,向陈少白倾诉苦衷。陈少白突然想起康有为,虽政见不同,但同为救国之士,当有惺惺相惜之心。于是,陈少白给康有为写了一封信,交杨、李二人前去拜谒。谁知,他们去了后,康有为不仅避而不见，还将他们赶走。他们返回报社后，将受辱经过告诉了陈少白。陈少白觉得颜面无光，同时又痛恨康有为的这种行径。康有为假借革命之名，通过海外募捐敛聚财富，中饱私囊的行为传得沸沸扬扬，人人义愤填膺。

苏曼殊听说后，对康有为的行为大为愤恨。革命行动屡屡受挫，都是与黑暗的清廷有关，这个康有为还竭力保皇，实在可恶。报社何必大费周章与这种人论战，不如一枪解决了他。

苏曼殊气急败坏地找到陈少白，提出要借他的手枪。陈少白吓了一跳，觉得事出突然，问他想干什么。苏曼殊当即泣诉："康有为欺世盗名，假公济私，敛聚钱财，污辱同志，凡有血气，当歼除之。"

报社的同人都没想到，平时寡言少语的苏曼殊看起来瘦弱不堪，没想到思想这样激进。陈少白也暗暗称奇。但刺杀康有为事关重大，不能意气用事。陈少白告诉苏曼殊，枪是经过登记的，不能借给别人，万一出了意外，牵连很大。苏曼殊以为陈少白是怕受到牵连，立刻表示这是他自己的行为，他已经抱着赴死的决心除掉康有为。

陈少白叹了口气说："你以为杀了一个康有为就是推翻清廷了？你太天真了。我们跟保皇派论战，才能把革命的理论通过辩论的形式传播给大家。这对我们宣传革命思想是很有利的。如果我们暗杀了康有为，人们不但不会称赞革命党，还会认为我们是乱党。要革命，就要光明磊落地干。再说，我能让你去送死吗？你好好想想吧。"

苏曼殊目瞪口呆，他没想到自己这些年来只知道呼喊革命，却连革命的意义是什么都没弄清楚。陈少白的话像一盆冷水泼在他的身上，他郁郁寡欢，情绪也低落下来。陈少白知道苏曼殊性格固执，唯恐他执意而行，做出一些偏激的事情，所以有意识地看护在他旁边。苏曼殊壮烈的暗杀计划，就此告终。

革命是什么？当苏曼殊找到了用笔做武器时，他或许并没有懂得文字对于唤醒国民精神的意义。他总是像个孩子一样，随着历史的波涛任意靠岸。他的思想觉悟远远没有弃医从文的鲁迅先生那样深远。日本留学之时，鲁迅先生并没有参加轰轰烈烈的革命运动，总是以一个智者的身份冷静思考着民族的命运。当看到黑暗的社会现实、麻木的看客，他意识到唤醒国民灵魂的重要性，用一支笔开始了另一场战斗。他在《狂人日记》里撕开了封建社会吃人的本质，在小说《药》里揭露了革命不被理解的现实，他的杂文像一把匕首刺入敌人的心脏，让人闻风丧胆……这就是文字的力量。

苏曼殊走上文学创作之路，有自己的兴趣爱好，也有革命同人们的鼓励。一旦受挫，他就感到失望无奈，失去信心。毕竟他才二十岁，他的思想还没有那么成熟，只是生活的风霜让他过早地戴上故作深沉的面具。

第四章　漂泊的足迹

三入空门

苏曼殊决定离开香港了。

一夜风雨打落了满园的春花，恰似此时凋落的心情。他又想起了佛堂。每当在红尘中受伤，他就躲进佛堂，仿佛那里才是心灵的归宿。

宿昔朱颜成暮齿，须臾白发变垂髫。

一生几许伤心事，不向空门何处销。

他反复默诵着这首诗，脑中出现了一个孤僧在幽静的小道踽踽独行的形象。淡烟疏柳、古道残阳，他突然觉得自己就是那个孤僧，在尘世孤单得像个影子。

他立刻去找陈少白，表示想要归去的决心。陈少白万万没想到苏曼殊因为自己的责备就看破了红尘，他极力挽留苏曼殊。苏曼殊平静地摇摇头说："我对佛门向往已久，并不是想不开。何况我太冲动，也需要到佛门清净地去冷静冷静。"

陈少白叹了口气，觉得这个青年过于敏感、单纯，确实不太适合革命。他给苏曼殊准备了行装和路费，问："你打算到哪里出家呢？"

苏曼殊摇摇头说："暂且不知，但世界之大，总有容身之处。"

说完，他道了声珍重，就离开了报社。他走到繁华的街市，知道身后的报社依旧在忙碌着，论战也好、斗争也罢，似乎已与他无关。茫茫天地间，唯有平和的心能装下世间所有的悲伤、痛苦、孤独和渺茫。

苏曼殊带着简单的行李，踏上了前往广东惠州的路。苏曼殊对钱财挥霍无度，很快就将路费耗尽了。他脱去西装，换上海青和芒鞋，俨然又是一位僧人。他漫无目的地走，又一次向苍翠的山林而去。

不久，他看到一座破败不堪的小庙，赶紧走进去。庙中只有一位老和尚，凡事皆要亲力亲为。无隔宿之粮，每餐每顿都要靠下山化缘。苏曼殊又成了托钵化缘的和尚，他走到山下的集市，感觉自己像在乞讨。许多人用异样的眼光看着他，对着他的背影指指点点，偶尔几句话飘进他的耳朵："年纪轻轻就出家，定是懒汉。""化缘不用力气，我们自己都没得吃了。"……苏曼殊感到针芒在背，敏感自尊的他哪里受得了这样的闲话，他一气之下回到了庙里。老和尚还没有回来，苏曼殊一根一根地抽着雪茄，烟雾弥漫了整个房间，他剧烈地咳嗽起来。他收拾好自己的行李，准备离开这里。临走前，他环顾这座小庙，忽然发现桌上有两个银角子，就顺手牵羊装进自己的口袋里。

用两个银角子作为路费，苏曼殊又一次踏上了去香港的轮船。他到香港凑了一点路费，准备到上海去看看。

一日，他正在街上漫无目的地走着，忽然发现有一个人一直跟随着他。他停下脚步，那人走到苏曼殊的跟前，礼貌地问："大师，我看您跟一位故人很像，不知道您认不认识一位叫苏三郎的人？"

苏曼殊仔细地看了看他，发现他正是广东的一位同乡。苏曼殊点点头说："我就是。你是简世锠大哥吧。"

简世锠着急地说："这些年你与家里割断了联系，可能还不知道吧。你父亲苏杰生得了重病，你身为儿子最好去看看他吧。"

苏曼殊的心中竟没有一点触动，他平静地说："这么多年过去了，我四处漂泊，心中早就没有家，没有父亲了。简大哥，多谢你的好意。"说完就要走。

简世锠拦住他说："好吧，既然你不想回去，我也没办法。你现在住在哪里呢？你我同乡，异地相逢也是缘分，改日可以再聚。"

苏曼殊想了想，告诉他一个临时的地址，就走了。简世锠得到了苏曼殊的地址和消息，立刻赶到苏家，将遇到苏曼殊的事情告知了苏家的人。

苏杰生已经病得很重了，他得知苏曼殊不想回来，忍不住老泪纵横。苏家人赶紧拜托简世锠务必再去一趟香港，让苏曼殊回来见父亲最后一面。

简世锠几次三番地往来香港寻找苏曼殊，让苏曼殊很感动，但他决意不再踏入苏家一步。漂泊孤苦的身世，母亲无尽的泪水，自己不堪回首的童年阴影，这些都是苏杰生造成的。如果说他对苏家还有一丝感情，那就是恨了。苏家阴暗的老宅、可怜又刻薄的女人、欺辱自己的族中子弟，都是苏曼殊不想触及的阴影。为什么他们还是挥之不去呢？自己都走了这么远了，却好像还在一个圈子里，身边围着的还是那些人。他想起自己在柴房差点病死的那个夜晚，无助的哭喊回荡在暗夜里，却得不到任何人的一丝怜悯。还有被抛弃的母亲，从未被温柔对待过，一生受尽生活的折磨，这一切的始作俑者都是苏杰生。

他告诉简世锠自己已经出家，并且即将远行，就不回去了。

不久，苏曼殊收到了一封信。信中告知，苏杰生病故了，言辞中斥责他的不孝。苏曼殊一横心，索性不回去奔丧。他知道此时的苏家已经开始为苏杰生出殡了，他们一定痛斥埋怨他这个逆子，像从前一样用着刻薄难听的话语。只是现在的他毫不在意这些，因为在心中，他已经与苏家没有任何关系了。

　　他望着天空，望着苏家的方向，轻声地说："你解脱了，我也解脱了。尘缘已了，我要走了。"他不知道苏杰生能不能听见这些，人人常说父子连心，而他与苏杰生却像是熟悉的陌生人。

　　他再次踏上了轮船。父亲，是你给了我漂泊的命运，我终究只能与风为伴。

偶遇

苏曼殊又一次回到上海。第一次来到上海的情形，似乎还历历在目，只是已物是人非了。上海依旧繁华，革命党守旧派的斗争还在轰轰烈烈地上演。他听说叶澜在上海，就去找他。

叶澜是苏曼殊在日本时认识的旧友。留日期间，他是青年会、拒俄义勇队、军国民教育会的发起人之一，回国后，仍然活跃在革命的浪潮里。叶澜很喜欢直率坦诚的苏曼殊，希望他能留在上海帮他。但苏曼殊执意南游，他也不再勉强。叶澜帮苏曼殊筹集了一些路费。苏曼殊告别旧友，准备一路南下，去暹罗^①、锡兰^②等地了解佛教文化。

当船经香港的时候，苏曼殊看见一对父女登船。他的心激烈地跳动着，没错，眼前的父女正是庄湘老师和雪鸿。

苏曼殊快步地走上前，激动地喊："老师，庄湘老师。"

---

① 暹罗，中国对泰国的旧称。
② 锡兰，一般指斯里兰卡。

罗弼·庄湘惊讶地望着眼前这位年轻的僧人，不敢相信地问："你是苏三郎？"

苏曼殊的眼泪一下子流出来："是的，老师。多年不见了。"

庄湘拍拍苏曼殊的肩膀："三郎，太好了，真没想到在这里遇到你啊。"

苏曼殊望着旁边美丽的少女，问："这位是雪鸿小姐吗？"

雪鸿的脸红了，她轻轻地点点头。十多年没见，雪鸿已是一位亭亭玉立的少女，因为读书并时常跟随父亲往来各国，她变得更端庄儒雅，俨然一位女学者了。她望着眼前的苏曼殊，这位少年时一起读书的同伴，依旧还是瘦弱忧郁的，但更英俊了。好多年前，父亲曾想让二人结为佳偶。那时年幼，三郎回去后便杳无音信，雪鸿却从未忘记。她的眼光像闪烁的星星，泪水满眶里打转，嘴角却止不住地上扬。

一别数年，苏曼殊与庄湘父女似乎有说不完的话。庄湘告诉苏曼殊，这些年在报纸上读了不少他的文章、译著，很是欣慰。苏曼殊也向老师讲述了这些年的经历，面对茫茫大海，一切恍然如梦。

"那你现在打算去哪里呢？"庄湘问。

"我想去游历一次，去暹罗南洋，增长一些知识。"

庄湘赞许地点点头，趁雪鸿离开，问："不知你现在可有婚娶。雪鸿对你一往情深，如果你愿意，我想由我做主……"

"恩师，我已经出家，再无尘缘了……"说完，苏曼殊泪流满面。

庄湘叹息许久。这位优秀的学生，因为身世凄凉遁入空门，实在让人唏嘘感叹。

雪鸿站在不远处，她早就听到了他们的对话。她不相信朝思暮想的三郎已经出家，她在心里默默地说："他不结婚，我就不嫁人。"她真的终生未嫁。

庄湘问苏曼殊旅途遥远路费够不够，他细心地观察到苏曼殊只有一件僧袍。苏曼殊告诉他，朋友资助了一些路费，不够可以化缘。

庄湘点点头，说："前路漫漫有许多不可预测的事情，我再给你些盘缠，出门在外多带些路费总是好些。"

雪鸿已经将路费和一些干净的衣物拿来了。

苏曼殊感激地望着这对父女，在他心中，他们更像家人，总是细心地为自己着想，让他感到无比温暖。

船在越南靠岸后，苏曼殊要下船了。庄湘父女还要继续前行。

雪鸿的眼里噙着泪水，她不知道这一别又将何时再见。苏曼殊不知道说什么好，觉得自己罪孽深重。他的深情害死了静子，现在又一个好女孩在痴痴地等待着自己，而自己终将辜负她的痴心。

苏曼殊嘱咐恩师保重。面对雪鸿的时候，他无言以对，只好握握她的手，转身离开了。

他望着船渐行渐远，轻声地说："对不起雪鸿，我会在佛祖面前为你祈福。"

飘零的足迹

　　苏曼殊得到了庄湘的资助，他更愿意像苦行僧一样，随心而走。他一路跋山涉水，横渡湄公河，穿过越南、老挝、缅甸。他寻找当地的寺庙停留下来，不仅为了饮食住宿，也是为了更深入地了解当地僧侣生活和佛教活动情况。南洋的气候风俗与中国有很大的区别，每到一处，他都入乡随俗。椰风阵阵送来海的味道，有时他也需要风餐露宿，但他从不觉得苦。读万卷书，行万里路。他把一路的所见所闻记录下来，异国风情开阔了他的视野，磨炼了他的心智，他感到无比充实自由。

　　经历了千辛万险，他终于到达了暹罗。苏曼殊不远万里来到暹罗的壮举震惊了曼谷佛教界，他们把他比作玄奘，尊称他为"曼殊大师"，并邀请他到青年会演讲。

　　苏曼殊坐在讲坛上，他本不善言辞，但此时却感慨万千。他讲述了自己万里跋涉的经历，讲述自己一路的见闻，讲述自己对佛教理论的理解……他的演讲让在座的人们肃然起敬，尤其是他年纪轻轻竟有如此渊博的知识、独特的见解，人人都称赞他定会大有作为。

苏曼殊发现中国虽然佛教文化历史悠久，但并没有一部梵文写作的专著。佛经翻译也有许多不准确之处，皆是因为国人懂梵文者寥寥无几。他决定学习梵文，写一部《梵文典》，填补中国佛教史的一页空白。

暹罗的乔悉磨长老是位精通梵文、知识渊博的得道高僧。梵文十分难读难学，求学者很少。乔悉磨长老对苏曼殊的虚心求教很赞赏，简单的攀谈后，他发现苏曼殊很有学习语言的天赋。他认定苏曼殊在梵语研究上会取得巨大的成功，于是对苏曼殊寄予厚望。

乔悉磨长老亲自授课，苏曼殊悉心学习。他感到了这种古老语言的魅力，在日记里写道："文词清丽相俱者，莫若梵文，汉文次之，欧洲番书，瞠乎后矣。"

苏曼殊的学问突飞猛进，很快就有了一定的梵文基础了。乔悉磨长老和他一起草拟了《梵文典》的结构，并将数部梵文经典送给了苏曼殊。

两个月后，苏曼殊告别了乔悉磨长老，前往狮子国锡兰，在锡兰的菩提寺，继续学习梵文。之后，苏曼殊又去往印度。印度是佛教的发源地，很多得道高僧都渴望能去印度求法。玄奘法师就是其中最有名的一位。今天我们了解玄奘千里西行，大多通过《西游记》。西天前路艰险，多有妖魔鬼怪，幸好唐三藏有三位神通广大的徒弟保护，才能历经九九八十一难后到达西天，而唐三藏本人则被塑造成懦弱固执的形象。实际上，玄奘取经，完全是一人之力，他坚强勇敢、意志坚定，经历了千难万险后终于到达印度，并将西行经过写成了《大唐西域记》。玄奘法师成为我国著名的佛学家、翻译家、旅行家，其不远万里赴西域取经的精神，树立了为追求理想和真理坚强不屈的典范。

印度属于热带气候，终年高温。苏曼殊顶着火一样的太阳，和法侣二人来到印度的芒碣山寺。山中多果树，树上长满了鲜果。苏曼殊每天都要去山上摘鲜果吃，一次就吃五六十个，才心满意足地回寺庙。吃了将尽一个月，苏曼殊感到很高兴，觉得自己只要吃这些鲜果就可以度日，不用食人间烟火了。他不知道有的野果有毒性，导致六天才方便一次。腹胀时疼痛难忍，方便时似无数小虫噬咬肠胃。之后，他得了痢疾。病床上的苏曼殊发着高烧，腹部剧痛险些休克。

同道的法侣着急万分，赶紧请来大夫诊治，病情总算好转。但苏曼殊形容枯槁，瘦了很多。他喃喃地说："去道尚远，机缘未至啊。"

法侣们只好一路搀扶着他离开了芒碣山寺，回到锡兰菩提寺。

一天，身体稍稍恢复的苏曼殊登上寺旁的一座山。他站在山顶远远望去，夕阳隐没在苍翠的山林间，更远处的海天连成一线，归来的帆船停靠在海岸。一股无法抵挡的乡愁涌上心头，他感到自己在异乡待得太久了。

下山后他收到了一封国内的来信，是好友刘三寄来的。信中说他正在南京陆军小学任教，有空可以来南京找他。刘三名叫刘季平，是苏曼殊在东京成城学校的同学，两人感情甚笃。苏曼殊很喜欢和刘三在一起。刘三性格开朗，与忧郁的苏曼殊形成了反差，性格互补让他们很合得来。

　　早岁耽禅见性真，

　　江山故宅独怆神。

　　担经忽作图南计，

　　白马投荒第二人。

这首《送曼殊之印度》正是刘三所作。人人都说苏曼殊是狂人，刘三却能读懂苏曼殊，理解他的心。

苏曼殊总是随心所欲，这是他性情率真的体现，也是他过于多情的原因。喜爱即过犹不及，厌恶则耿耿于怀。因为难忍思乡之苦，苏曼殊恨不得立刻回国。"日暮乡关何处是，烟波江上使人愁。"或许出世太久，在出世入世间游离的苏曼殊，又将回到现实生活中。

苏曼殊归心似箭，随即决定回国。漂泊的灵魂，也需要归宿。

南洋归国

中华大地上的革命仍在如火如荼地进行着。

回国后，苏曼殊听说秦毓鎏回到长沙，便前去拜访。他对长沙的印象，模糊得像雾里看花，直到见到秦毓鎏，方才渐渐清晰。秦毓鎏曾在日本组织青年会、拒俄义勇队，与苏曼殊是志同道合的好友，此时，他的身份是实业学堂教务监督。秦毓鎏让苏曼殊先到长沙实业学堂担任讲席，慢慢了解情况，再投身长沙的革命事业。

苏曼殊在实业学堂教授美术、英文，这是他的强项。然而他脾气古怪，若了解他，一定觉得此人率真可爱。若不了解他，会觉得此人神经错乱。他心情郁结便呆坐垂泪，高兴起来手舞足蹈。眼睛盯着人仔细看，往往数分钟不动，让人感到浑身不舒服。有时上课，突然背对学生，站立很久，学生们都觉得莫名其妙，私下叫他神经病。

其实，陈独秀与苏曼殊交往颇深，很了解他的为人。陈独秀不认为他疯癫憨傻，反而说他于人情世故是看得过于透彻而不肯俯仰，实佯狂免祸罢了。他说："在许多旧朋友中间，像曼殊这样清白的人，真是不可多得了。"只是没有好友在身边，又无人理解，苏曼殊常常沉默寡言。

当时黄兴正在长沙组建华兴会，密谋发动一次反清起义。苏曼殊并未直接投身起义，他将自己所有积蓄拿出，用于革命需要。不料起义前，走漏了风声，清廷立刻派兵镇压。筹谋已久的起义就这样流产了，苏曼殊感到很失望。他站在湘江畔，望着渐行渐远的船只，一根根地抽着雪茄。江风吹过，微冷，他将最后一根雪茄丢进江水，回到寓所。

革命虽然屡次受挫，但清廷的统治已然岌岌可危了。同盟会在日本成立，新的革命浪潮又将汹涌而起。

起义失败，革命的主要策划者都离开了长沙。苏曼殊感到孤独苦闷，闲时作起画来。画作完成了，却只能孤芳自赏，他索性一把火将它们烧得干干净净。第二年，他继续在实业学堂任教，直到暑假，才收拾行装到达上海。

1905 年秋，无所事事的苏曼殊来到杭州西湖。这是他第一次到杭州。西湖秀美的风景和众多的禅寺深深吸引了他，"若把西湖比西子，淡妆浓抹总相宜"，无数文人墨客留下赞美之词。禅寺的钟声回荡在清幽的湖面，宝刹肃静庄严。他突然有了一种久违的归宿感。由于苏曼殊从西域归来，早已名声在外，不久他就住进了雷峰塔下的白云庵。

白云庵是僧众供佛和起居修行的处所，风景秀丽，肃穆静谧。这段时间的生活是静谧美好的，禅院清净，这让苏曼殊的心安定下来了。

> 白云深处拥雷峰，
>
> 几树寒梅带雪红。
>
> 斋罢垂垂浑入定，

庵前潭影落疏钟。

这首题为《住西湖白云禅院作此》的七绝，就是苏曼殊这一时间在白云庵创作的。白天苏曼殊与禅院里的住持谈禅论世，或去孤山作画；傍晚静坐打禅，参悟佛法。雷峰夕照如诗如画，南屏晚钟清越悠扬。他夜晚就着青灯古佛或读书，或继续撰写佛学著作《梵文典》。诗、书、画、禅，成了苏曼殊在白云庵的主要生活内容。他把画好的《孤山图》和《西湖泛舟图》寄给好友陈独秀，把已写至过半的《梵文典》给前来探望自己的好友柳亚子过目。柳亚子为苏曼殊仅用了一年多的时间，就精通了别人几十年才能弄懂的梵文而叹服，赞其为"不可无一，不可有二"的天才。

不觉已是秋深，他想起南京离杭州不远，不如去南京寻刘三。他给刘三寄去一封信，便动身前往南京。

到了南京，刘三热情地接待了他，并邀请他到南京陆军小学任教。刘三告诉苏曼殊，这所学校名字虽为小学，实际上是预备军人学校，是提高军人文化素养的。苏曼殊感到自己又可以融入革命，不禁心潮澎湃。不久，苏曼殊成了陆军小学的英文教员。

在南京陆军小学任教时，苏曼殊结识了革命家赵声。赵声就是赵伯先，当时是新军第三标标统。赵声性情豪爽，很有才华，苏曼殊很佩服他，认为他是将才。两人志趣相投，常在一起饮酒赋诗，纵马高歌，附近的人都被他们豪迈的气概吸引。

苏曼殊在《燕子龛随笔》中写道："赵百先少有澄清天下之志，余教习江南陆军小学堂时，百先为新军第三标标统，始与相识，余叹为将才也。每次过从，必命兵士携壶购板鸭黄酒。百先豪于饮，余亦雄于食，既醉，则按剑高歌于风吹细柳之下，或相与驰聘于龙蟠虎踞之间，至乐也。"

一日，三人饮罢，赵声取来纸笔，苏曼殊略加思索，即作出一幅《江山图》。苏曼殊请刘三题一首定庵绝句。

> 绝域从军计惘然，
> 东南幽恨满词笺。
> 一箫一剑平生意，
> 负尽狂名十五年。

画卷上苍茫的群山连绵起伏，河流奔涌着历史的波浪。赵声反复朗诵着这首诗，满腔的豪情喷涌而出，他激动地对苏曼殊说："曼殊贤弟，我赵声定要为革命事业奉献终生，待到革命成功之时，还请你为我作一幅画，以表我报国之志。"

苏曼殊郑重地点点头。

后来苏曼殊为赵声画了一幅《饮马荒城图》，但赵声为革命四处奔走，居无定所，苏曼殊一直无法交给赵声。1911 年黄花岗起义失败，赵声感到大志未遂。他身为总指挥，没有来得及亲临战场，徒见同志牺牲，抑郁成疾，不久悲愤而死，葬于香港。"出师未捷身先死，长使英雄泪满襟。"苏曼殊获悉后，极为悲痛，托友人将此画带到赵声墓前焚化，以示悼念。从此以后，他不再作画，以谢亡友。

这个故事读来颇使人动容，让人不禁想起中国古代的两个小故事。

高山流水的故事。传说先秦的琴师俞伯牙一次在荒山野地弹琴，樵夫钟子期竟能领会"峨峨兮若泰山"和"洋洋兮若江河"。伯牙惊道："善哉，子之心而与吾心同。"钟子期死后，伯牙痛失知音，摔琴绝弦，终生不弹，故有高山流水之曲。

墓门挂剑的故事。季札出使晋国，途经徐国与徐君相见，徐君渴望得到季札腰间佩带的宝剑，因为吴国铸造的宝剑是非常有名的。但季札因要出使上国，没有佩剑很失礼，就没有给徐君。等他返回经过徐国时，徐君已经死了。季札感到失去了一个知音，就带着随从跑到徐君的墓地，祭拜之后摘下佩剑挂在墓地的封树上，凄然离去。

无论哪个故事，讲述的都是知音难觅。苏曼殊无法将画交给赵声，深以为恨，从此放弃画笔，不再作画。柳亚子诗"千秋绝笔真成绝，忍对荒城饮马图"便是对此事的感慨，可见苏曼殊确实是重情重义之人。

1906 年春天，苏曼殊应长沙明德学堂校长之聘，来到长沙，教授美术，借住在永福寺。苏曼殊已是当时有名的画僧了。名士教课，很多人都来旁听，一时间美术课成了明德学堂最受欢迎的科目。

不久，苏曼殊应安徽公学的邀请到芜湖，后又执教于皖江中学。苏曼殊虽没有直接参与革命起义，但他任教的学校，都是革命党开办的新式学堂。他将自己丰富的知识传授给青年学子们，开阔他们的视野，启发他们的革命思想。革命若要成功，中国之未来，最重要的还是国民教育。苏曼殊以投身教育的方式为革命贡献力量。

在安徽公学，苏曼殊与邓石如曾孙邓绳侯一见如故。苏曼殊早就听说安徽邓绳侯是一位致力于教育事业、为世人所尊敬的长者，何况在日本留学时，就与其子邓以蛰交厚。邓绳侯精通诗画，深受革命思潮影响，当时是安徽公学校长。他很欣赏苏曼殊的才华，两人相处月余，俨然已是忘年交了。

苏曼殊在《题〈寄邓绳侯竖幅〉》中写道：

怀宁邓绳侯艺荪，为石如老人之曾孙，于其乡奔走教育。余今夏之皖江，就申叔之招，始识先生，共晨夕者弥月。后余离皖之沪，月余，申叔亦来，出先生赠余一绝云："寥落枯禅一纸书，欹斜淡墨渺愁予。酒家三日秦淮景，何处沧波问曼殊？"今别先生，不觉半载，积愫累怵，云何不感？画此奉寄。丙午，曼殊记。

相别半年，邓绳侯一直记挂着苏曼殊。苏曼殊很是感动，作画寄老先生，并赋诗一首："相逢仙女赠天书，暂住仙山莫问予。曾遣素娥非别意，是空是色本无殊。"回想相处的时光，两人诗画相送，情谊笃深。

探母未遇

连日奔波，苏曼殊病倒了。卧于病榻，他突然很想念母亲。很久没有收到母亲的信笺，也不知道她现在怎么样了。这次疾病来势汹汹，苏曼殊咳血不止，身体抱恙没精打采，他不知道自己如何才能去日本。

一天，苏曼殊迷迷糊糊地睁开眼，看到病床边坐着一个人，正用手抚摩着自己的额头。

苏曼殊兴奋地叫了声："啊，仲兄，你怎么来了？"说完想坐起来，但剧烈的咳嗽让他直不起腰来。

陈独秀让他躺好，说："我接到刘三的信，说你病了，我就过来了。"

苏曼殊将想要到日本探母的想法告诉了陈独秀，陈独秀说他正好要去日本组织革命党工作。待苏曼殊身体稍好些，两人一起离开了芜湖，坐上了前往日本的轮船。

一想到河合仙，苏曼殊内心最柔软的部分被触动了。母亲在哪里，家就在哪里。对于苏曼殊，家乡不在日本，只在河合仙的心中。自从与表兄闹僵，回到中国后，苏曼殊已经很久没有见到母亲了。尽管每到一处，他都会给母亲寄一封信，但不知从何时起，竟一直没有母亲的消息。

苏曼殊觉得自己像无根的飘萍、断线的风筝。望着茫茫的海水，苏曼殊一直沉默寡言。好在陈独秀一直安慰他。

船到日本，苏曼殊立刻和陈独秀乘车赶到河合仙居住的村落。夕阳西下，倦鸟飞还，料峭春风稍带微寒。村边的小溪依旧在流淌，他们走过村口的小路，终于来到门口。苏曼殊回想起第一次找到母亲时的情景，希望这次依然能遇见惊喜。院门紧闭，他使劲地敲门，却没人应声。屋舍静寂无人，透过门缝，院落中杂草丛生，似乎很久没有人打理了。苏曼殊的心一沉，隐隐有些不安。一位荷锄的邻居走过，告诉他们很久前看到河合仙夫人跟她的姐姐一起外出，一直未回，不知道何时回来。

苏曼殊感到无比失望，眼泪忍不住掉落下来。他拖着病体千里探母，只想在母亲身边寻得温暖。可到了门前，母亲却不知去了哪里。无助感油然而生，好像回到了幼时母亲不辞而别，徒留他在苏家孤苦伶仃。如果没有家，漂泊的游子心归何处呢？苏曼殊情绪低落，仰天长叹。眼看天黑了，他只好随陈独秀回到东京。

暑假很快结束了，苏曼殊与陈独秀回到芜湖，继续在皖江中学任教。时局动荡，学校里也常常闹学潮，苏曼殊只好辗转到南京、上海等地，不久又到杭州。西湖水光潋滟，四季如画，苏曼殊深深爱上了西湖。杭州的朋友们竭力劝说他留下来，在杭州的佛教公所任教，苏曼殊没有答应。他想到自己一不会讲经，二不会做佛事，虽然几次出家，但终究只适合做些佛学理论，留在佛教公所任教怕会贻笑大方。几日后，他又回到上海。

其间，苏曼殊虽往来各地，但一直以上海为中心。1906年秋天，苏曼殊住在上海爱国女校。一次，他在翻阅资料时，无意中找到英国画家祖梨的露伊斯·美索尔遗像。苏曼殊赞同无政府主义，对法国无政府主义者露伊斯·美索尔十分景仰。寒风萧瑟，落叶打到肩上，苏曼殊完全被这张英姿活现的画像吸引。"极目尘球，四生惨苦，谁能复起作大船师如美氏者耶？"那些为了理想信仰不惜牺牲自己的人，有着何等的胸怀。苏曼殊想起一首诗："众生一日不成佛，我梦中宵有泪痕。"

　　佛普度众生，革命解救众生，在苏曼殊的身上，竟结合得如此天衣无缝。他在僧俗之间来去自如，从心所欲。他既想做个云游四方的挂褡僧人，又在时代的洪流中背负着理想。换上僧袍，他回到山林庙宇；穿上西装，他站在讲堂，与革命的伴侣们携手同行，在出世与入世间自由切换。苏曼殊，就是这样一个特立独行的存在。

再度寻母

岁暮到家

蒋士铨

爱子心无尽，归家喜及辰。

寒衣针线密，家信墨痕新。

见面怜清瘦，呼儿问苦辛。

低徊愧人子，不敢叹风尘。

游子归家，老母亲惊喜地迎出来。出门在外时，母亲不放心，捎来御寒的棉衣，时时寄来关怀的书信。如今归来，一见面就说瘦了，那些嘘寒问暖的话语早就拂去了旅途的辛苦，只是愧疚自己未尽人子之责。

这样的情景，无数次出现在苏曼殊的梦中。上次探母未遇，苏曼殊一直难以释怀。他下定决心一定要找到母亲，找到他今生唯一的牵挂。

1907 年正月，苏曼殊跟随刘师培、何震夫妇东渡日本，希望抓住每次寻找母亲的机会。到了东京后，苏曼殊找到了陈独秀和章太炎，他们都为苏曼殊寻母的事情所感动，也一起帮忙打听。终于有一日，苏曼殊找到了河合仙的住处。

　　苏曼殊立刻乘车前往母亲现在的住所，他没想到其实母亲搬离得并不远。

　　夕阳的余晖洒在干净整洁的院落，一位白发苍苍的老人正坐在屋檐下望着门前的路出神。苏曼殊出现在门口的时候，老人缓慢地站起身，惊喜地喊了声："三郎。"

　　苏曼殊一下子扑到母亲的脚下，哭着说："是我啊，母亲。"

　　河合仙才六十多岁，头发已经全白了。苏曼殊看着母亲满是皱纹的脸，心里很不是滋味。河合仙抚摩着苏曼殊的脸，一个劲地说："又瘦了，为什么不注意身体啊。"

　　苏曼殊心里一阵颤抖，这些年，他毫无节制的饮食已造成了严重的肠胃病，脑病也时常发作，他害怕母亲为自己担心，只字未提自己的身体状况。

　　一位日本老人从屋内走出来，河合仙介绍说，这是自己找的新丈夫，是位很好的人。人老了，希望有个伴说说话。苏曼殊由衷地感到高兴，母亲一生孤苦无靠，终于老有所依，这是他所期盼的。苏曼殊问起大姨的情况。河合仙告诉他，自从静子走后，她们姐妹一直相依为命。一年前大姨病重，到医院后就去世了。自己不想再回到原来的房子，那种空荡荡的感觉让她觉得孤单。直到遇见现在的丈夫，她就搬到了这里。寄出去的信都没有回音，她就日日坐在门前盼望，没想到有一天，真的看到自己的儿子从路上走来，回到自己的身边。

　　一听到静子，苏曼殊的心又痛起来。大姨一定也是伤心过度，才忧郁成疾。苏曼殊感到自己对不住大姨和静子，他的眼泪又来了。河合仙安慰他，说大姨并没有怪他，只能说他和静子之间没有缘分吧。

苏曼殊告诉河合仙，这几年他一直漂泊不定，一个住处还没住上几天，就搬离了。河合仙心疼地抚摩着苏曼殊的脸，这么多年这个孩子都四海为家，尘霜满面，好在已经长大了，还一如既往地聪明优秀。苏曼殊想了想，还是告诉了河合仙苏杰生去世的消息，也告诉她自己没有去见父亲最后一面。河合仙没有责备他，她知道这个孩子性格倔强固执，何况他总是有自己的想法。

要是能日日陪伴在母亲身边该有多幸福啊，但是母亲已经有了自己的生活，苏曼殊不好过多打扰，住了几日，便离开了。只要母亲幸福快乐，他也就安心了。母亲已经再嫁，与她的联系也无法太多。他知道自己不常在身边，这是最好的结局。午夜梦回的时候，他还是止不住地悲伤，从此心该归向何处呢？

苏曼殊辞别了母亲，又乘车到静子和大姨的墓地。斯人已去，荒草孤坟，苏曼殊的泪水从眼眶涌出。生死茫茫，千里孤坟，无处话凄凉。苏曼殊跪倒在静子的石碑前，他又仿佛看到静子粉嫩的脸庞、如花的笑靥、温柔的话语，泪眼蒙眬里却只有冰冷的墓碑。

天色已晚，苏曼殊怏怏而归。坐上回东京的车时，已是夜色茫茫了。

偌大的车厢只有几个人，显得空空荡荡。灯光切开黑暗，夜色又在车后聚拢起来。汽车像黑夜里的一条鱼，向更深的夜色中驶去。邻座是一位神色凄然的女郎，看到苏曼殊的眉间堆着愁云，忍不住攀谈起来。女郎说起自己的妹妹，仗义有爱心，不幸早逝，才十三岁。苏曼殊望着窗外，车窗上只映下自己悲戚的脸。"同是天涯沦落人，相逢何必曾相识"，苏曼殊的心中充满怜惜之情，忍不住安慰起女郎来。

回到东京寓所，苏曼殊的脑中仍然回想起女郎的话。世间伤心事为何那么多呢？比起那位早逝的女孩子，自己的不幸竟显得如此苍白。他又想起了静子，他不明白为什么美好总是容易消逝，像那些暮春时节风雨中凋零的花儿。他挥笔写下一首诗：

　　人间花草太匆匆，
　　春未残时花已空。
　　自是神仙沦小谪，
　　不须惆怅忆芳容。

他反复读了几遍，又陷入了沉思。他只能这样来悼念那个素未谋面的花季女孩，悼念早逝的静子，悼念那些容易失去的美好，也给多情的伤心人一点安慰吧。

第五章　多情最是总无情

君问归期未有期

我宁愿相信雪梅是苏曼殊的精神伴侣。

1918 年 5 月 2 日，苏曼殊的生命已进入倒计时。弥留之际，他仍然强撑着，目光紧盯着门口。友人们知道，他在等待萧纫秋。

几天前，苏曼殊曾写信给在广州的萧纫秋，信上画了一个鸡心图案，旁边有"不要鸡心式"五字。众人都看不懂是什么意思。萧纫秋默思良久，说："苏和尚大概知道自己将不久于人世，所以嘱托我为他买一块碧玉，他要带着去见地下的未婚夫人。"于是，萧纫秋在广州买了一块方形的碧玉，托徐季龙带到上海。徐季龙到了上海之后，匆匆赶到医院看望病危的苏曼殊。

医院的护士凑近苏曼殊的耳边告诉他，广州有个姓萧的朋友带了一块碧玉来。苏曼殊睁开眼睛，用尽浑身的力气接过玉，放到唇边轻轻一吻，欣然一笑而逝。

苏曼殊的一生经历了太多美丽的女子，像那些一晃而去的花瓣，留在心底的是最不为人知的忧伤。能让苏曼殊临终仍念念不忘的女子，就是玉佩的主人。苏曼殊在自传体小说《断鸿零雁记》中，将她叫作雪梅。

雪梅，有雪中寒梅的骨气和美丽。她的绽放，在苏曼殊的心中留下了永久的芳华，以至于她离开很久了，苏曼殊仍旧记得她的古德幽光。

那一年，两小无猜订下婚约，虽是父母之命，却也天造地设。郎骑竹马来，绕床弄青梅。小儿女憨态可掬，无所顾忌地一起玩耍，大人们已经将他们私定终身。两家门当户对，是门好亲事。苏家拿出一块上好的玉佩戴在雪梅的身上，她成了苏三郎的小娘子。

如果所有的故事都是大团圆的结局，那该多好。中国人喜欢花好月圆的结局，所以中国古代戏剧很少有悲剧。哪怕《窦娥冤》，其结局也是窦娥的父亲窦天章做官返乡，为窦娥沉冤昭雪。悲剧故事里总有缺失和遗憾，这是我们的心理不能接受的。我们常说善有善报，恶有恶报，所有故事的人物必须归结于此才符合大众的心理。西方讲究悲剧美，《被缚的普罗米修斯》以及莎士比亚的四大悲剧颇具盛名。悲剧是把有价值的东西毁灭给人看，表现冲突和毁灭，抗争与拼搏。悲剧的美更震撼人心。

此后的故事是天各一方，各自飘零。

雪梅经历了亲生母亲离世，父亲娶继室，自己饱受继母虐待。苏三郎的母亲回到日本，只留下他一人在苏家受尽欺凌。他重病被弃柴房，差点没命，就此遁入空门。

苏家日渐衰落，三郎已入空门，趋炎附势的继母逼迫雪梅改聘他人。坚贞的雪梅像一朵梅花纯贞洁白，她认定此身已许三郎，再不另嫁他人。款款深情，无论继母如何强迫，始终不改。她知道三郎曾来寻她，却被继母拒之门外，并告诉他已经退亲。她苦苦央求，却遭到斥责。每天临窗而坐，她一遍遍抚摩着订亲的玉佩，祈求上苍保佑三郎。

> 珍重嫦娥白玉姿，
> 人天携手两无期。
> 遗珠有恨终归海，
> 睹物思人更可悲。

多少年后，苏曼殊坐在月光下，想起一位少女，在无数个孤独无助的夜晚，像此时一样望着月亮，睹物思人，平添一抹伤感。

苏三郎犯了戒规被赶出了寺院，流浪中被乳母收留。他从乳母那里得知了生母消息后，便靠卖花积攒东渡寻母的路费。

"小楼一夜听春雨，深巷明朝卖杏花。"雪梅在绣楼内又一夜无眠，隔着纱窗，清晨的卖花声传进她的闺房。这卖花郎的声音，不就是日思夜想的三郎的声音吗？倚窗而望，站在屋檐下避雨的卖花郎正是苏三郎。

她抑制不住剧烈跳动的心，恨不得立刻飞下楼去。但出去谈何容易，继母是万万不肯放她出门的。她唤过丫鬟，嘱咐她下楼探问。

一位陌生的女子来到苏三郎的面前，询问他的名姓。苏三郎不知她的意图，缄口不言。丫鬟只好如实相告，并问他是否叫三郎，母亲是日本人。苏三郎点点头。丫鬟让他明日再到此处来，家中小姐有事相告。

苏三郎满腔疑惑地回去了。他不知道苍天怜悯有情人，只知道答应了别人就要去赴约。

第二天，苏三郎又重到碧纱窗下。呆立良久，昨日那个丫鬟又来了，不说不笑，递过一个沉甸甸的包裹，转身离去。苏三郎疑惑地打开包裹，发现里面是金银首饰，还有一份书信。他读完书信，心房已碎。

　　妾雪梅将泪和墨，袄衼致书于三郎足下：

　　先是人咸谓君已披剃空山，妾以君秉坚孤之性，故深信之，悲号几绝者屡矣！静夜思君，梦中又不识路，命也如此，夫复奚言！迩者连朝于卖花声里，惊辨此音，酷肖三郎心声。盖妾婴年，尝之君许，一把清光，景状至今犹藏心坎也。迨侵晨隔窗一晤，知真为吾三郎矣。当此之时，妾觉魂已离舍，流荡空际，心亦腾涌弗止，不可自持。欲亲自陈情于君子之前，又以干于名义，故使侍儿冒昧进诘，以渎清神，还望三郎怜而恕妾。妾自生母弃养，以至今日，伶仃愁苦，已无复生人之趣。继母孤恩，见利忘义，怂老父以前约可欺，行思以妾改嫔他姓。嗟夫！三郎，妾心终始之盟，固不忒也！若一旦妾身见抑于父母，妾只有自裁以见志。妾虽骨化形销至千万劫，犹为三郎同心耳。上苍曲全与否，弗之问矣！不图今日复睹尊颜，知吾三郎无恙，深感天心慈爱，又自喜矣。呜呼！茫茫宇宙，妾舍君其谁属耶？沧海流枯，顽石尘化，微命如缕，亲爱不移。今以戋戋百金奉呈，望君即日买棹遄归，与太夫人图之。万转千回，唯君垂悯。

　　苦次不能细缕，伏维长途珍重。

　　凄婉的语调、心酸的往事、款款深情，苏三郎只感到心如刀割，泪落如雨。雪梅，这个深情刚烈的女子，还在痴痴等待着他。他望向那扇小窗，知道雪梅也在看着他。世上最遥远的距离是明明知道彼此相爱，却不能在一起。两个有情人只好相顾无言，唯有泪千行。雨越下越大，仿佛在他们之间形成了一条大河。隔河相望，泪眼婆娑。苏三郎只好朝那扇小窗深深鞠了一躬，一步一回头地离开了。窗内的雪梅，捂住自己的嘴，哽咽不能出声，她感到心在滴血。

得到雪梅的资助，苏三郎立刻东渡寻母。直到后来，才从别人那里得到消息，雪梅被后母逼迫改嫁，坚决不从，绝食而死。

苏三郎悲痛欲绝，想到雪梅的墓前，冀慰贞魂。斜阳垂落，四野沉寂，寻觅许久不知雪梅葬于何处。"踏遍北邙三十里，不知何处葬卿卿。"

没有确切的资料证明，苏曼殊有过一个叫雪梅的未婚妻。所有关于雪梅的记载似乎都来自《断鸿零雁记》，这部苏曼殊自传体的小说。艺术来源于生活又高于生活。或许苏曼殊只是塑造了这样一位敢于用生命反抗封建势力、忠于爱情的女性形象。她是千万个受迫害的女子的缩影，来源于生活中的某个故事。她的身上折射出美丽和才华，却被黑暗的封建势力毁灭。所有读到这篇小说的人，都会对封建势力无比愤恨，对悲情的主角无比同情。然而翻开《断鸿零雁记》，你又能找到苏曼殊的影子。虚实相间中，生活与艺术融为一体。

但我愿意相信，这世间有过雪梅这样的女子，与苏三郎有一段刻骨铭心的爱情。最深的爱总是深埋在心中，任凭时光如流，也会爱你如初。

美丽的际遇

偶然

我是天空里的一片云，

偶尔投影在你的波心——

你不必讶异，

更无须欢喜——

在转瞬间消灭了踪影。

你我相逢在黑夜的海上，

你有你的，我有我的，方向；

你记得也好，

最好你忘掉，

在这交会时互放的光亮！

从未想过徐志摩的这首诗，可以用在苏曼殊与雪鸿之间。今生注定要负你，就当我是一片飘浮不定的云。你有你的，我有我的方向，但最初相遇时的火光，是今生无法忘却的光芒。

那时，苏曼殊还年幼，被父亲送到上海学习英文。站在庄湘老师偌大的书架前，苏曼殊的目光锁定在一本《拜伦诗集》上，他正准备将书拿下，另一只纤细的手与他碰到一起，又立刻缩了回去。苏曼殊一惊，转身看见一位金发碧眼的美丽女孩站在一旁，像是画里走下来的天使。苏曼殊惊呆了，语无伦次地说："你……你也要拿这本吗，那……那我不要了。"他说完转身要走。

女孩轻轻地说："我们可以一起看。"

苏曼殊回过身，腼腆地点点头。

女孩笑着说："我叫雪鸿，是庄湘老师的女儿。你是苏三郎吗？"

苏曼殊惊讶地说："你怎么知道？"

雪鸿说："爸爸说有一位中国学生很聪明，学习英文没多久，就可以读诗集了，我猜你就是。"

苏曼殊不好意思地挠挠头："我喜欢拜伦、雪莱的诗，我已经读过雪莱的诗了。写得真好，我也想写出那样好的诗。"

雪鸿轻轻地说："你一定会的。"

共同的爱好才有共同的语言，共同的语言激发出别样的花火。在苏曼殊的眼中，雪鸿美丽聪明，大方开朗，像一朵异域的花朵，大而烂漫。在雪鸿的心中，这个沉默寡言的男孩，眉宇间堆砌着愁怨，本身就有诗人气质。后来她了解了他的身世，虽然不能真正理解他内心的苦楚，但对他更多了些怜悯同情。

有一天，他被父亲接走，一别多年。从此，她的心中多了一份牵挂。那一年他们重逢，她已是亭亭玉立的少女，他成了身披僧袍、云游四方的僧人。他又一次转身离去，从此天各一方。他不知道她的眼泪被海风吹散，像碧海青天洒落的星星。

1909 年，经陶成章推荐，苏曼殊前往爪哇任教。临行前，他给庄湘写了一封信，告知老师现在的状况。站在轮船的甲板上，海风习习，碧波荡漾，让人感到无比惬意。用过晚饭，苏曼殊在甲板上散步。一位美丽的异国女郎伏在甲板的栏杆上，眺望着天边慢慢升起的月亮。风吹过，姑娘身上的裙子紧紧地箍在身上，显出柔和美丽的曲线，金发飘扬起来，露出花一般的侧脸。苏曼殊望着她，惊喜地走到她身边，喊了声："雪鸿。"

雪鸿转过脸，惊讶地说："哦，天啦，是三郎！"

自从上次一别，又一个五年过去了。苏曼殊问雪鸿准备去哪里。

雪鸿笑着说："我跟我父亲准备回西班牙故乡看看。"

苏曼殊感慨每次与雪鸿的相遇都如同冥冥注定，简直太神奇了。

庄湘走过来，笑着说："是雪鸿收到你的信，知道你要去爪哇，她特意提前买了回西班牙的船票。"

雪鸿红着脸娇嗔地说："父亲，你……"

苏曼殊瞥了一眼雪鸿，心中涌出了温情。他赶紧向庄湘问候，他看到老师也渐渐苍老了，心中有些难过，毕竟他与雪鸿都已经是二十五岁的大龄青年了。

自从年幼时相逢，雪鸿就真心真意地对他好。雪鸿的脉脉深情，让苏曼殊的心风起云涌。他想牵起她的手，给她温暖的依靠。她的迷人窈窕的身姿让苏曼殊久久难忘，更难得的是她的才学，此时的雪鸿已经是青年女诗人了。海风轻拂，两颗躁动不安的心灵都在压抑彼此的心声。雪鸿知道，虽然日思夜想的人就在眼前，却始终绕不过那句"已证法身"。

雪鸿说起自己对中国文化的热爱，特别是中国的古诗词。苏曼殊告诉雪鸿，译诗与原诗要做到相通，还需切实体会作者的思想感情。

按文切理，看起来简单，做起来却不容易。雪鸿非常赞赏苏曼殊的看法，两人交流起翻译遇到的问题和自己的见解。苏曼殊越说越激动，向雪鸿详细阐述了对林纾、严复二人翻译作品的看法以及自己的翻译计划。谈到兴致处，不禁思潮汹涌，他觉得在知己面前坦露自己的思想，有一种说不出的惬意和舒畅。雪鸿也被苏曼殊那滔滔不绝的倾诉、充沛的情感和如无人之境的神态吸引。雪鸿问起苏曼殊最近的译著，苏曼殊坦言自己在翻译英国女诗人的作品，只是原作找到的不多。雪鸿立刻送了苏曼殊几本英吉利诗选，鼓励他好好翻译。

四天的行程，苏曼殊完成了《英吉利闺秀诗选》，并准备收入他的《潮音》书稿。雪鸿一直陪伴在侧，她不住地赞美苏曼殊的译文确实按文切意，既符合原文的情感又有自己的特色，她再次被苏曼殊的才华折服。雪鸿工工整整地将苏曼殊的译稿抄写了一遍，还在封面写下一行娟秀的小字"曼殊《英吉利闺秀诗选》一卷，西班牙雪鸿手抄于南天旅次"。

船即将停泊在新加坡，庄湘、雪鸿要下船转乘西去的轮船。相见时难别亦难，短短四天，仿佛过去很久。相依相伴，志趣相投，本是佳偶天成。为什么相爱不能在一起，一定是有一个人爱得不够。既然已经欠下太多，如何才能偿还呢。《红楼梦》中，林黛玉用一生的眼泪来还神瑛侍者的灌溉之恩，最终泪尽而逝。苏曼殊爱她，却拒绝了雪鸿的深情，辜负了她真诚的心意。偿还不了了，这位美丽的西班牙姑娘，终将一缕痴情空寄。

苏曼殊思绪郁结，加上连日苦心翻译，旅途劳累，一下子病倒了。庄湘和雪鸿赶紧将苏曼殊送到新加坡的医院。看着心爱的人躺在病床上形容枯槁，雪鸿心如刀绞。苏曼殊安慰她是老毛病了，让他们不要担心。

庄湘父女的船就要开了，离别总是来得那样快。临行前雪鸿特意送来一束曼陀罗花和一本自己一直珍藏的《拜伦诗集》。她在这本诗集的扉页中夹了一张自己的照片，照片的反面，深情地写着"曼殊惠存"四个字。她的眼里满是泪水，无数的话语不知道从何说起。苏曼殊很感动，紧紧握住雪鸿的手。他知道一松开，心爱的姑娘又要远走，再见面不知是何时了。

雪鸿走了，苏曼殊躺在床上，感到无比失落和孤独。曼陀罗花静静吐露芬芳，苏曼殊翻开那本《拜伦诗集》，许多感慨涌上心头，他提笔在诗集的封面上写下一首诗：

> 秋风海上已黄昏，
> 独向遗篇吊拜伦。
> 词客飘蓬君与我，
> 可能异域为招魂。

最懂自己的人是雪鸿，她像另一个自己。她总是若即若离，却永远理解自己的心。苏曼殊从未想过，有一天她真的离自己远去，人生只剩下一个人的旅程。最美的际遇就是遇见你，人生的知己。苏曼殊在给友人的信中坦露自己爱慕雪鸿的心迹："南渡舟中遇西班牙才女罗弼氏，即赠我西诗数册。每于椰风椰雨之际，挑灯披卷，且思罗子，不能忘弭也。"

苏曼殊对雪鸿的情愫从此深埋心底，这段异国情缘伴随着雪鸿的泪水画上了湿漉漉的句号。情感的创伤让苏曼殊在爱情面前躲躲闪闪，渴望爱，却害怕面对。对于他，孤独的苦酒只好独尝，美好的过往是甜蜜的忧伤。

相遇是最好的曾经，因为自己本就是一片漂泊的云。

秦淮河畔的倩影

秦淮河畔，波光流影，自古以来让无数的文人墨客流连忘返。桨声灯影里歌声婉转，乌篷船悠悠荡过，亭台楼阁上的灯火微微荡漾。"烟笼寒水月笼沙，夜泊秦淮近酒家。"驻足细听，柔美的歌喉里唱出的依旧是那些流传在秦淮河畔的美丽名字，柳如是、陈圆圆、董小宛……

苏曼殊来到南京陆军小学任教期间，第一次坐着乌篷船来到秦淮河，脑海里还是名士名妓的爱情故事。他从未想到自己涉足花丛，竟与其中一位女子来一场风花雪月的相逢。

攒够了钱，苏曼殊就呼朋唤友吃花酒，貌似豪放，实则忧伤。坐在杯盘狼藉的桌前，他常常两眼放空，感到一阵恍惚。一日，坐在人群中的苏曼殊百无聊赖，呆呆地望着楼梯上往来的人们出神。突然，一位美丽的姑娘从阁楼匆匆下来，身量窈窕，风姿绰约，轻盈的倩影如同一只飘然而过的蝴蝶。他的目光追随她出了门，看着她站在门口，直到坐上一辆车。来此多日，苏曼殊还是第一次瞥见这样一位佳人。

他赶紧问周围的人，刚才那位姑娘是何人。一位朋友告诉他，那是店里的头牌姑娘，名叫金凤，一般人是约不到的。

他悄悄记下这个美丽的名字，暗暗下决心要把这个俏丽多姿的情影拉进自己的生命。他明知道自己不能给她什么，还是如飞蛾扑火一般陷入单相思。他努力地撰稿、作画，不出几日，又得一笔酬金。他急不可耐地直奔秦淮河畔的群芳阁，却未寻到芳踪。他失落了许久，心中感到怅然若失。一个人的思念像一杯酒，明知苦涩却欲罢不能。当苏曼殊再一次来到群芳阁，老鸨高兴地告诉苏曼殊，今天金凤姑娘就在阁楼上。

他特意穿了西装，打扮得像赴会的情郎。她懒懒地坐着，目光落在他局促不安的脸上。直觉告诉她，这位三番五次求见的青年不是常常遇见的那种油嘴滑舌之辈，而是一位落魄的文弱书生。一种从未有过的怜爱之情从心底升腾，那是久违的真心和实意。

中国古代的爱情故事，很多发生在文人与歌妓之间。无论是唐传奇、明清小说、戏剧，那些散落在或凄美或圆满的故事中的歌妓，虽身份低微，却有情有义、执着追求爱情，比起负心的男子强过百倍。大抵落魄的文人与歌妓同样处于社会秩序之外，惺惺相惜，互相慰藉。白居易在《琵琶行》中深有体会，否则也不会吟出"同是天涯沦落人，相逢何必曾相识"的千古名句了。

看着苏曼殊的窘迫，金凤甜甜地笑了。她掏出丝手绢，揉成团，丢到苏曼殊的怀里。苏曼殊一愣，轻轻地拾起手绢，送到金凤的手上。他们的话题就此打开了。她软语温存，红袖添香；他不再拘谨，开怀畅谈。与他在一起，金凤感到温暖和真诚。这个在风尘中摸爬滚打多年的女子，早就看透了人间百态。连她自己都没有想到，自己已经在这个穷困的年轻人身上慢慢沦陷了。她开始厌倦周转于风月场上强颜欢笑的生活，渴望得到一人心，白首不相离。终于有一天，她痴情地望着情郎，直截了当地告诉他："赎我出去，我们结婚，永远在一起。"苏曼殊沉默了。

金凤原本以为他会高兴地拉着自己的手，把自己拥进怀里，却没想到，他呆坐着，神色暗淡，像做错事的孩子。金凤悲伤地闭上眼，什么爱情、真心，原来根本不值一提。她的泪水顺着脸颊滚落下来，在桌面开出一朵朵花。许久，她拿出那块手绢，拭去泪水，转身离去。

苏曼殊再一次看着她的背影消失在门口，却没有勇气去追寻。他拾起手绢，抚摩着未干的泪痕，心如刀割。为什么每当有女子情深相许的时候，他就会选择逃避。曾经他只说了句"已证法身"就把雪鸿的深情拒之门外，面对金凤的痴情，他竟无言以对。他或许连一个借口都不需要，就负了一颗痴心。对于苏曼殊，他根本不会拥有婚姻和家庭。他四海为家，漂泊不定，随意的人生需要情爱作为生命的美好体验。他不会只爱一个女子，不会就此束缚自己的人生。恐怕这些，连他自己都没有意料到吧。

金凤再不见他，他也没有再来。或许金凤曾幻想过他回心转意，然而他已经开始在心里悼念这份感情了。他总是愿意用回忆来弥补过往，他不知道女人需要的是踏踏实实的归宿。金凤受了情伤，再无心待在群芳阁。在无数的追求者中，她选择与一位可靠的商人结了婚。

对于金凤的嫁离，苏曼殊感到无比惆怅与痛苦。他拿出金凤丢下的手绢，画上一幅画。春风里疏柳横斜，孤舟一叶，一人坐舟上怅望苍穹。苏曼殊在画上题了一首诗：

集义山句怀金凤

收将风纸写相思，莫道人间总不知。

尽日伤心人不见，莫愁还自有愁时。

这首诗全部出自李商隐的诗句，无一句是原创，但组合起来竟浑然天成，毫无违和感，读来自有一种伤心愁苦之感。

此诗的前两句均出自李商隐《碧城》诗第三首：

七夕来时先有期，洞房帘箔至今垂。
玉轮顾兔初生魄，铁网珊瑚未有枝。
检与神方教驻景，收将凤纸写相思。
武皇内传分明在，莫道人间总不知。

第三句出自李商隐《游楞伽寺》：

碧烟秋寺泛湖来，水浸城根古堞摧。
尽日伤心人不见，石榴花满旧琴台。

末句选自李商隐《莫愁》一诗：

雪中梅下与谁期，梅雪相兼一万枝。
若是石城无艇子，莫愁还自有愁时。

李商隐的诗构思新奇，风格秾丽，尤其是一些爱情诗与无题诗写得缠绵悱恻，广为传诵。他将含蓄、朦胧的表现手法运用到了极致，致使部分诗歌隐晦迷离，难以理解。李商隐悲怆哀怨的情思让苏曼殊产生了共鸣，他摘取李诗中的精华，含蓄地表达对金凤的思念。苏曼殊将绵绵情意融进诗歌，将款款深情赋予文字，把对那些辜负过的女子的愧疚和悔恨埋在心里，却再不愿为过往驻足停留。

他常常想起金凤，想起那个美丽的身影。他理解金凤的怨恨和决绝，或许就是这样让人痛苦又欲罢不能，才是爱情的真谛。他在写给好友刘三的诗中还表达对金凤的念念不忘。

柬金凤兼示刘三

玉砌孤行夜有声，美人泪眼尚分明。

莫愁此夕情何限？指点荒烟锁石城。

柬金凤兼示刘三

生天成佛我何能？幽梦无凭恨不胜。

多谢刘三问消息，尚留微命作诗僧。

第一首诗写尽孤独愁苦。从此又要独自远行了，她的眼里分明闪烁着泪光。离愁别恨一如夜色中弥漫的荒烟，笼罩在南京城上。悲凉的别离画面，可能是苏曼殊的艺术想象，但别后孤苦，则发自内心。第二首诗道出不能与金凤相依相伴的原因，"众生一日不成佛，我仍梦中有泪痕"，既然已经皈依佛门，就不会给心爱的女子美好安稳的未来，心中无限遗恨。好友知道自己又陷入情网，连忙关心问候，虽心血枯焦，但仍然留下残命，用诗词歌赋聊以慰藉。

金凤走了，苏曼殊背负着孤单和悔恨继续浪迹花丛。一次偶然的机会，他遇见了花雪南。据说女英雄秋瑾很欣赏花雪南，曾赠她绝句两首，称其为"雪南可人"。花雪南为人持重，寡言少语，总是一副不冷不热、不急不慢的样子，苏曼殊和友人戏称她为"温吞水"。她的姿容清丽、兰心蕙质深深吸引了苏曼殊的注意，而花雪南也钦慕于苏曼殊。在她的眼里，苏曼殊是那样与众不同，他总是恭恭敬敬地与她们说话，从无调戏轻佻之态。他才华横溢，且不恃才傲物，又生得相貌俊朗。她向他吐露真情，渴望得到他的承诺。

　　苏曼殊却认为，与其结为注定走向痛苦的夫妻，招忧致怨，倒不如各自回归四海，反倒值得回味。他又一次转身离去，所有的深情不过是一场俗不可耐的艳遇。他走了，被辜负的女子却无法怨恨，因为他也伤得很深。他又一次把满腔的愁苦诉诸笔端，留下一首七言律诗：

> 何处停侬油壁车，西泠终古即天涯。
>
> 捣莲煮麝春情断，转绿回黄妄意赊。
>
> 玳瑁窗虚延冷月，芭蕉叶卷抱秋花。
>
> 伤心怕向妆台照，瘦尽朱颜只自嗟。

　　"妾乘油壁车，郎跨青骢马。何处结同心，西陵松柏下。"钱塘名妓苏小小倾心于情郎，却等不来常相伴，死后葬在西泠桥畔。欢情易断，直等到芭蕉叶卷秋花尽。所有的伤心只留给自己，"为伊消得人憔悴"，连顾影自怜都没有了勇气。苏曼殊善于写这些离情别绪，或许自己经历太多了吧。金凤、花雪南，抑或秦淮河畔那些美丽多情、身世凄凉的姑娘，苏曼殊走过她们的人生，只留下一滴清泪，满腔愁怨。

恨不相逢未剃时

1909 年春天，苏曼殊东渡日本探母。长久的漂泊和不当的饮食习惯，让本就身体孱弱的苏曼殊又病倒了，他只好暂住在母亲家疗养。病痛让苏曼殊整日神情倦怠，没精打采。春天在料峭寒意里轻轻绽放，窗外的风渐渐温柔起来，苏曼殊静养了一段时间，觉得烦闷，想出去走走。朋友为了让他振作起来，约他去听音乐会，毕竟音乐最能治愈身心的创伤。百无聊赖的苏曼殊答应了。

音乐会上艺人们轮流上场，乐曲或激越或悠扬，身体虚弱的苏曼殊很快感到倦怠，他准备离开了。友人感到有些遗憾，毕竟重头戏还没到，苏曼殊就打退堂鼓了。正在这时，一位佳人抱着古筝上了台。她一袭白衣，飘飘若仙，明眸如水，肌肤如雪，乌发梳起高耸的云鬓，纤纤玉指间流淌出美妙的曲子。苏曼殊眼前一亮，"北方有佳人，绝世而独立。一顾倾人城，再顾倾人国"。这样倾国倾城的美貌佳人，像突如其来的清风，抚慰了苏曼殊疲惫的神经。优美的旋律泉水般空灵绝响，似云外之音。苏曼殊在《题〈静女调筝图〉》中传神地表达了自已彼时彼刻的感受。

> 无量春愁无量恨，
> 一时都向指间鸣。
> 我已袈裟全湿透，
> 那堪重听割鸡筝。

　　一曲终了，佳人微微欠身飘然而去。苏曼殊缓过神来，未等散场，就跑到后台寻觅佳人。无奈佳人来去匆匆，未闻芳名既已离开，留下他独自惆怅。苏曼殊只好向旁人打听，才知道佳人名叫百助枫子，住在东京。

　　苏曼殊一遍遍默念着这个美丽的名字，脑海中重温百助迷人的姿容，不禁心驰神往。他拿出画笔画了很多她的身影，他挑出最满意的一幅，想要亲手送给她。一个人，一座城。当你心里装着某个人的时候，你关心有关她的一切，你在意的细枝末节，或许她都未曾注意到。恋爱的感觉又一次挑拨苏曼殊敏感的神经，这座城市里所有与他擦肩而过的人，都仿佛是百助枫子的俏丽面孔。

　　爱情充满曲折才更让人迷恋。苏曼殊终于打听到百助枫子的下一场演出，他像追星的粉丝一样立刻来到演出地点。百助枫子的演出一结束，苏曼殊再一次来到后台。这一次，他见到了她。他递给她一幅画，转身想离开。百助枫子叫住他，问起他的名字。尽管苏曼殊常常陷入爱情，也曾在青楼歌馆大吃花酒，但每次恋爱的开始，还是带着一丝羞涩和局促。百助枫子缓缓展开画卷，一幅恬静淡雅的弹筝图出现在她眼前。画上弹筝的女子优雅娴静，风华绝代，十指纤纤轻拨琴弦。百助枫子没想到自己在苏曼殊的笔下竟是这样美，她的脸上飞起红云。苏曼殊静静望着她，眉间掩藏不住的绵绵爱意正悄悄涌出。

他们就这样相识了。百助枫子邀请苏曼殊到自己的住所，他们常常相对而坐，在茶香一缕中慢慢度过时光。他谈起对艺术的理解，谈起古诗词和琴声。她托着下巴，闪烁着一双大眼睛出神地听。她说起自己坎坷的身世、飘零的孤苦，他也感同身受。他们竟有这么多的相似之处，彼此都感到相见恨晚。

东京的春天樱花烂漫，娇嫩的花朵倾吐芬芳。他们携手漫步在小道上，轻嗅空气里的淡淡花香。摘一朵花别在爱人的云鬓，苏曼殊感到百助枫子的脸庞就像樱花一般。百助枫子娇羞地低下头，笑着拂去曼殊肩上的落花。他们像路过的幸福情侣一样，徜徉在爱情的海洋。

"手如柔荑，肤如凝脂，领如蝤蛴，齿如瓠犀，螓首蛾眉，巧笑倩兮，美目盼兮。"在苏曼殊的眼中，这些用来形容美丽的百助枫子都不够。每当与百助枫子相处，他充满无限柔情的目光落在她身上，仿佛对面是一幅美人图，需要细细欣赏。有时，百助枫子弹琴，他便拿起画笔，为她绘像。

为调筝人绘像二首

一

收拾禅心侍镜台，沾泥残絮有沉哀。
湘弦洒遍胭脂泪，香火重生劫后灰。

二

淡扫蛾眉朝画师，同心华鬘结青丝。
一杯颜色和双泪，写就梨花付与谁？

百助枫子行程不定，每次分别，巨大的失落感就顷刻包围了苏曼殊的心。热恋的人之间，每次小别都无比煎熬。每当百助枫子不在身边，苏曼殊就感到孤独难耐。他为百助枫子绘制了许多画作，其中就有《金粉江山图》，上面题有两首诗：

调筝人将行，出绡属绘《金粉江山图》，题赠二绝

一

乍听骊歌似有情，危弦远道客魂惊。

何心描画闲金粉，枯木寒山满故城。

二

送卿归去海潮生，点染生绡好赠行。

五里徘徊仍远别，未应辛苦为调筝。

离别的歌声凄婉哀怨，饱含深情，远去的路漫漫无尽。送你远行的路上，徘徊不定、心潮翻涌，离别是因为生活的艰辛。两首诗都充满无可奈何、凄凉愁苦的情绪，是苏曼殊真实的内心写照。

一日，百助枫子送给苏曼殊一张照片以慰别后思念之情。照片上的女子美丽动人，苏曼殊抚摩着照片，突然想将它制作成明信片。

今天只要上网搜索，就可以看到这张明信片，一睹明信片上女子的芳容。一位年轻的女子身着日本和服跪席弹筝，头上梳中国汉唐代妇女流行的"同心髻"，髻上系淡色丝巾，髻后垂有格子图案的发巾。白色连衣衫，系淡色腰带。纤细的手指按住琴弦，双目凝视着前方。

鸭蛋脸庞，清秀的五官，眉若远黛，非喜非怒，恬淡自然。关于"同心髻"，苏曼殊曾在《为调筝人绘像》的第二首诗下有自注云："汉元帝时有同心髻，顶发相缠，束以绛罗。今日本尚有此风。"苏曼殊对女子的发髻颇为迷恋并深有研究，他还曾经画了一本《女子发髻百图》。

明信片上有苏曼殊写的一段题跋："无量春愁无量恨，一时都向指间鸣。我已袈裟全湿透，那堪重听割鸡筝。楼上玉笙吹彻白露冷，飞琼佩玦。黛浅含颦，香残栖梦，子归啼月。扬州往事荒凉，有多少愁萦思结。燕语空梁，鸥盟寒渚，画栏飘雪。余尝作《静女调筝图》，为题二十八字，并录云林高士赠小琼瑛《柳梢青》一阕，以博百助眉史一粲。日来雪深风急，念诸故人，鸾飘凤泊。衲本工愁，云胡不感？故重书之，奉寄士钊足下。竺公弥健否？雪蝶拜。"雪蝶（蝶）是苏曼殊的别名之一。下钤白文长方小印"曼"。

苏曼殊后来将明信片寄给了章士钊、包天笑等好友，题跋相同只是收件人不同。包天笑曾将明信片翻印在自己主编的《小说大观》第五集中，柳亚子于1927年编辑《苏曼殊全集》时也将之刊印在内，后来周瘦鹃又将之翻印在《半月杂志》三卷十六期上。这张明信片也成了近代文坛艺苑中一张著名的明信片。好友们对于苏曼殊的此段恋情看法不一。有劝其不要与日本女子恋爱的，亦有持赞成意见的。不管如何，此时的苏曼殊正处于狂热的爱恋中无法自拔，他不断地为百助枫子绘画作诗聊表心意。他将缠绵悱恻的情思赋予诗词，这段时期也是苏曼殊诗词创作的高峰期。

或许恋爱中的女人都一样，渴望爱情有个好归宿，渴望安稳平静的家庭生活，渴望一方遮风挡雨的屋檐，一个能给予依靠和安全感的肩膀。爱一个人就娶她，这是对一个女人最好的承诺。对于苏曼殊，爱情是漂泊旅途美丽的邂逅，他必须不断去追寻新的风景来慰藉孤独的心灵。面对枫子渴求的眼神，他再一次沉默了。

　　　　乌舍凌波肌似雪，亲持红叶索题诗。
　　　　还卿一钵无情泪，恨不相逢未剃时！

　　这是苏曼殊给枫子的回答，依然是身许佛门，无法婚娶。一样的理由，已经伤了无数颗心。"乌舍凌波肌似雪"是以印度传说中的神女乌舍来比喻百助枫子，说她步履轻盈如凌波微步，肌肤如雪似玉。"亲持红叶索题诗"一句引用"红叶题诗"的典故。唐朝年间，后宫的宫女人数众多，而身处行宫的大多数宫女，却只能一生遂向空房宿。相传彼时无数的上阳宫女题诗红叶，抛于宫中流水寄怀幽情。此处暗示了百助枫子曾向他渴求婚姻。然而，苏曼殊已经出家为僧了，心中苦衷不能尽道，虽然钟情百助枫子，也只能婉拒了。诗的最后两句正透露出诗人的心境，此生欠你的，只有用余生的眼泪来偿还。缠绵悱恻间，颇有黛玉还泪的伤感。诗人模仿唐人诗句"还君明珠双泪垂，恨不相逢未嫁时"，流泪还珠，言辞婉转而意志坚决，此"恨"决绝得让人心疼。改"未嫁"为"未剃"，一方面说明他内心深处深爱百助枫子，另一方面又蕴含了无限的无奈与哀婉。遗恨的是此生已许佛门，可叹再无缘分。能让苏曼殊发出如此感慨的女子，自然是他此生最爱的人。

　　痴心的百助枫子依旧不甘心，她不相信这就是爱情的结局。他温柔体贴，深情浪漫，较之所见到过的男人，他是完美的情人。既然皈依佛门，为何还要爱我？既然爱我，又为何要弃我而去？她给他写了一封信，是一首绝句，他依她的韵回复了一首。

西京步枫子韵

生憎花发柳含烟，东海飘零二十年。

忏尽情禅空色相，琵琶湖畔枕经眠。

他选择佛门，义无反顾。她还想再见他一面，也许亲口听他说声"沙扬娜拉"，她才真正死心。她执着地坚持，更让苏曼殊心痛。

那个傍晚，她终于见到了那个许久未见的爱人。他终于换上了一袭僧衣，这才是真正的他吗？他静静地坐在对面，凄然地凝视着她。他俊朗的脸庞瘦削了许多，想是一样煎熬心焦，只是这是他的选择。只要他伸出手，轻轻揽住那个瘦弱的身躯，那个泪落如雨的女子就会笑靥如花，一切回到从前的日子。她等待着，他却一言不发。

枫子取下筝，流水般的琴声打破了尴尬的沉默。苏曼殊抬起头，轻声地喊了声"枫子"。百助枫子忘情地弹奏着，苏曼殊听出来这是他们相遇时她弹奏的曲子。只是琴声幽咽，如泣如诉，似有万般愁怨。

一曲终了，窗外的月光静静倾泻，幽暗里枫子轻轻地说："夜深了，留下吧。"苏曼殊点点头，拭去枫子脸上的清泪。

天未明，苏曼殊起身，才发现枫子已经走了。

苏曼殊又陷入失恋的悲怆中无法自拔。他不停地回忆着与百助枫子的点点滴滴，不断地追问自己。我本有情，奈何伤人。春尽了，花儿纷纷凋零，伤心人总是更容易触景生情。那将过往凝结成文字吧，这样心就会稍稍安慰些。

失题二首

（一）

禅心一任蛾眉妒，佛说原来怨是亲。

雨笠烟蓑归去也，与人无爱亦无嗔。

（二）

斜插莲蓬美且鬈，曾教粉指印青编。

此后不知魂与梦，涉江同泛采莲船。

水户观梅有寄

偷尝天女唇中露，几度临风拭泪痕。

日日思君令人老，孤窗无那正黄昏。

本事诗

一

无量春愁无量恨，一时都向指间鸣。

我亦艰难多病日，那堪重听八云筝。

二

丈室番茶手自煎，语深香冷涕潸然。

生身阿母无情甚，为向摩耶问夙缘。

三

碧玉莫愁身世贱，同乡仙子独销魂。

袈裟点点疑樱瓣，半是脂痕半泪痕。

四

丹顿裴伦是我师，才如江海命如丝。

朱弦休为佳人绝，孤愤酸情欲语谁？

五

慵妆高阁鸣筝坐，羞为他人工笑颦。
镇日欢场忙不了，万家歌舞一闲身。

六

桃腮檀口坐吹笙，春水难量旧恨盈。
华严瀑布高千尺，不及卿卿爱我情。

七

乌舍凌波肌似雪，亲持红叶索题诗。
还卿一钵无情泪，恨不相逢未剃时！

八

相怜病骨轻于蝶，梦入罗浮万里云。
赠尔多情诗一卷，他年重检石榴裙。

九

春雨楼头尺八箫，何时归看浙江潮？
芒鞋破钵无人识，踏过樱花第几桥？

十

九年面壁成空相，持锡归来悔晤卿。
我本负人今已矣，任他人作乐中筝。

苏曼殊的很多诗歌都为百助枫子所作，读来让人伤感。那作诗的人，定是已经肝肠寸断了吧。这些诗歌或是回想起"人生若只如初见"的欢喜，或是山盟海誓情比金坚，更多的是孤独和无奈，情缘已逝，只因空门清戒。相爱是因为彼此的奋不顾身，离去是情感外的理性。

　　一段旷世情缘就此落下帷幕，留下两个渐行渐远的身影，再无交集，让人唏嘘感叹，掩卷长思。

人生自是有情痴

曾虑多情损梵行，入山又恐别倾城。

世间安得双全法，不负如来不负卿。

当六世达赖仓央嘉措苦于情与禅的纠结写下这首诗歌时，他一定没想到，几百年后也有一位僧人有着同样的困惑。在情海中纠葛，却一心向佛，于是陷入无尽的痛苦之中。爱慕红颜，又自悔六根不净。若能"不负如来不负卿"，该多好啊。这样的两全其美之法，正是苏曼殊想要苦苦寻觅的吧。

同是情僧，在情天情海中浮沉，苏曼殊与仓央嘉措对情的态度截然不同。仓央嘉措说："住进布达拉宫，我是雪域最大的王。流浪在拉萨街头，我是世间最美的情郎。"情不需要太多的泪水，因为它是生活的一缕阳光。情感的纠结从来不是相爱的两个人，既然有情便祈求永恒。仓央嘉措的情诗，总是蕴含着一些佛理，比如《十诫诗》。

第一最好不相见，如此便可不相恋。

第二最好不相知，如此便可不相思。

第三最好不相伴，如此便可不相欠。

第四最好不相惜，如此便可不相忆。

第五最好不相爱，如此便可不相弃。

第六最好不相对，如此便可不相会。

第七最好不相误，如此便可不相负。

第八最好不相许，如此便可不相续。

第九最好不相依，如此便可不相偎。

第十最好不相遇，如此便可不相聚。

但曾相见便相知，相见何如不见时。

安得与君相诀绝，免教生死作相思。

既然相见相知，相依相爱，又何必决绝，叫人生死相许呢。正如"你见，或者不见我，我就在那里，不悲不喜。你念，或者不念我，情就在那里，不来不去。你爱或者不爱我，爱就在那里，不增不减。你跟，或者不跟我，我的手就在你的手里，不舍不弃。来我怀里，或者让我住进你的心里。默然相爱，寂静欢喜"。爱既已存在，我不离不弃。相爱或者欢喜，都淡然如风，没有轰轰烈烈的绚烂，就没有撕心裂肺的痛。

只是苏曼殊，自有一番对爱情的认知。他说过这样一番话："爱情者，灵魂之空气也。灵魂得爱情而永在，无异躯体恃空气而生存。吾人竟日纭纭，实皆游泳于情海之中。或谓情海即祸水，稍涉即溺，是误认孽海为情海之言耳。唯物极则反，世态皆然。譬如登山，及峰为极，越峰则降矣。性欲，爱情之极也。吾等互爱而不及乱，庶能永守此情，虽远隔关山，其情不渝。乱则热情锐退，即使晤对一室，亦难保无终凶已。我不欲图肉体之快乐，而伤精神之爱也。故如是，愿卿与我共守之。"他认定爱情一旦与欲望相结合便是失败的。每当痴情的女子在爱情中渴求一个归宿，他便立刻全身而退。与美女相对，他竟如柳下惠坐怀不乱。他不是心理扭曲的变态，他只是追求柏拉图式的精神恋爱。

"十年一觉扬州梦，赢得青楼薄幸名。"苏曼殊浪迹花丛，在莺莺燕燕环肥燕瘦中竟能恪守自身，不得不说定力非凡。每次宴饮吃花酒，他都会挥金如土叫来歌妓。然而他并没有放浪低俗的举动，只是瞪眼细瞧着她们，且不许她们触碰自己，以致歌妓们私下说"和尚是痴人"。真正风流花吹雪，片片不沾身。

他也曾"偷尝天女唇中露"，遇到真爱他也会控制不住亲密的接触，但他每次都能够守住最后一道防线。苏曼殊一生恋爱无数，都是以悲剧结束，不得不说这样的精神之爱，有几人能理解呢？像雪鸿这样的才女都无法体会，更何况他所爱之人，多半是歌馆青楼的悲苦红颜，她们需要的是安定与归宿。这是苏曼殊无法给予的。

"人生自是有情痴，此恨不关风和月。"苏曼殊有情又无情，无情又多情，其间的因由或许只有四个字能说清楚——"以情求道"。男女之情本是佛门大忌，以情求道无异于一剂猛药，要么治愈要么死去。苏曼殊的选择无疑是冒险的，他常常在痛苦的旋涡中无法自拔。章太炎初识曼殊时，就专门劝告他说："以情入道，自古多有。但情之为物，有如天上白云，飘忽万状，是一种极不稳定的东西。用情有善与不善之分。善用情者，心调理顺；不善用者，必为所累。我明知这些话说也无用，不过愿奉赠与你，望再思。"苏曼殊听到此语，哭不能禁。

"不俗即仙骨，多情乃佛心"，佛家要普度众生，必是多情的。包天笑曾写诗描述苏曼殊在歌馆舞榭的风流生活，"记取秋波春月夜，万花簇拥一诗僧"。然而端坐在万花丛间的苏曼殊始终是孤独寂寞的，静静观望着众生万相，倾听着街头巷尾的粗口呢语。他与世俗生活如此贴近，又似乎超然于俗世之外，固守着自己的世界。

苏曼殊的一生，与之交往的青楼女子之多、地点之众，在青楼楚馆这类风月场所的开支之大都令人咋舌。《曼殊杂记》中列了一串名单，与他有交往的歌妓，有名有姓有住址的就有 28 人之多。他的一份残账显示，酷爱读书的苏曼殊花在买书上的钱只有 500 多元，而同一时期用在青楼楚馆的钱就有 1800 多元。对这类女人，他一般都很投入。有一次，他在马路上发现一位歌妓正在前面搭电车，他赶快跑过去，可是电车开了。苏曼殊没能赶上电车，还跌落了两颗门牙。事后大家以此笑他为"无齿之徒"，他倒满不在乎。在日本，苏曼殊与百助枫子热烈而痛苦地恋爱，但后来有情人却未能终成眷属。苏曼殊在回国的海轮上情不自禁地向朋友们谈起百助枫子，众人都不相信。苏曼殊很犯急，立即取出几样女人用的头饰之物，交给大家传看。传看完后，苏曼殊把这些饰物全部抛入海中，掩面痛哭不已。

1913 年 12 月，苏曼殊在东京因暴食成病，在病榻上曾写信给刘三："芳草天涯，行人似梦，寒梅花下，新月如烟。未识海上刘三，肯为我善护群花否耶？"病中的苏曼殊，仍然记挂着那些火坑里的苦命红颜。他去世后，许多青楼女子自发前来吊唁，个个神色凄然。看惯了世态炎凉的女子们，能遇到这个追求精神之爱的痴情和尚，也算是此生之幸了。北宋柳永仕途坎坷、一生困窘，流连于青楼楚馆，沉溺于烟花巷陌，与出身低微的歌妓们惺惺相惜。柳永死后，歌妓们捐钱将其埋葬。我想苏曼殊与柳永在某一点上是相似的，漂泊的灵魂需要爱，而这样的爱已不是爱情，而是灵魂的互相取暖。

爱情本就是说不清道不明的存在。"问世间情为何物，直教人生死相许"，苏曼殊还在为情徘徊，也许在看破红尘遁入佛门的时候，就注定了他的爱情没有传统的归宿。云天苍茫，天涯独行，竹杖芒鞋，僧衣飘飘，他驻足望望渺茫的前路，回首一路风尘。

第六章　曼殊的朋友们

刘三旧是多情种

苏曼殊的朋友圈，阵容之强大令人咂舌。有人说，将苏曼殊的朋友们一一列举，就是一副民国时期的名人画卷。苏曼殊一生交友无数，但最亲密的朋友，当属刘三。

刘三就是刘季平，原名宗龢，又作钟龢，字季平，又字江南，取龚定庵诗"刘三今义士"，别署"江南刘三"。他1903年初东渡日本，入东京成城学校习骑兵，结识了同在日本留学的陈独秀、苏曼殊、邹容、陈去病等人，虽然他们各自的秉性差异甚大，但因革命的理想信念，便志同道合、意气相投。他们一起参加革命团体，进行革命活动，结下革命友情。

1903年，一本署名"革命军中马前卒邹容"的书——《革命军》由上海大同书局正式出版。作者邹容开宗明义地提出，要用革命的手段推翻清朝的皇权，建立资产阶级民主国家。《革命军》迅速风行于国内和海外华侨中，销售110万册，对鼓动清末革命高潮产生了难以估量的作用。《革命军》问世之际，《苏报》进行改版，言论更加激烈。

不久，章太炎在《苏报》发表了《读〈革命军〉》，将该书誉为"诚今日国民教育之第一教科书"，又在"新书介绍"栏评论说，《革命军》"其宗旨专在驱除满族，光复中国，笔极犀利，文极沉痛。若能以此书普及四万万人之脑海，中国当兴也勃焉"。

《苏报》的激进引起了清廷的惶恐，立刻派人对《苏报》进行查封，并抓捕了主要负责人章太炎。邹容激于义愤主动入狱，与章太炎共患难。不幸的是，邹容因在狱中受折磨致病，1905 年在狱中去世，年仅 21 岁。这就是震惊中外的《苏报》案。邹容的去世，引起了革命者们极大的不满，暴露了清廷的黑暗腐朽，加深了革命者对清廷的仇恨。

邹容瘐死狱中，被狱卒弃于监狱墙外。幸得同乡草草收殓，灵枢暂厝监狱外俗称"义冢"的万人冢中。如何将邹容遗骨从义冢中移除，使其入土为安，革命者们犯了难。刘三得知后，冒着被砍头的危险前往义冢，暗暗寻觅亡友的遗骨。刘三在荒凉阴森的坟冢间寻觅良久没有找到，心急如焚，只好贿赂一个年老的狱卒，方才打听到重要的线索。第二天，刘三带上小铲再次来到义冢，凡是石碣，即铲去泥土，仔细辨认石碣上的文字。直到找到那块刻有"周镕"二字的石碣，刘三喜出望外，做好记号后再次离开。在邹容死难周年纪念日的前一天，刘三雇人一起到义冢，找到做了记号的石碣，连夜将棺木起出，雇船运到上海华泾乡自家的私地安葬。诸事已毕，一行人心中稍稍安定，抬头才发现晨光熹微。次日，刘三携妻子将一首亡诗焚烧于墓前，以示哀悼。

这次壮举，刘三未与其他人商量，事后并未张扬。直到章太炎在《邹容墓志铭》中称赞刘三："上海义士刘三，收其骨，葬之华泾，树以碣，未封地……刘三者，性方洁，广交游，业为君营葬，未尝自伐，故君诸友不能知葬所。"于是海内无不知刘三壮举。陈去病闻讯前来凭吊，赋诗一首："刘三今义士，慷慨重交游。以我一言故，而为烈士谋。千金收骏骨，杯土树松楸。差喜章枚叔，生还可暂休。""义士刘三"之名始彰天下，人们甚至忘记了他的本名。

有人说："想要了解一个人，就去看看他的朋友。"确实，物以类聚，人以群分。欧阳修说："君子与君子以同道为朋，小人与小人以同利为朋。"一个品行高尚的人肯定不会与卑鄙小人同行，因为共同的理想和情志是交往的前提条件。和什么样的人在一起，就会拥有什么样的人生，这种观点强调了客观条件和外部环境对人的影响和作用，正如荀子在《劝学》中所说的"蓬生麻中，不扶而直；白沙在涅，与之俱黑"。刘三忠肝义胆、为人狭义，苏曼殊与其关系尤为亲密，可见苏曼殊是性情纯真的人。

苏曼殊一生与之书信来往最多者，就是刘三。他在信中称呼刘三"老哥""我兄""长者"，既尊敬又密切，显然关系匪浅。他常常向刘三诉说心中的苦闷，近来的状况，不管是生活的琐事还是思想的困惑，甚至囊中羞涩时，想到的求助对象，也是刘三。尽管自己也经济拮据，刘三常常倾囊相助，这让苏曼殊感激不已。苏曼殊行为古怪，常被人不理解，他也从不辩解。流连青楼楚馆之时，有一次陈陶遗大声批评他："你是和尚，和尚本应戒欲，你怎么能够这样动凡心呢？"苏曼殊大哭不止。革命起义的失败，革命友人的牺牲让他无比苦闷，他痛恨现状，却无能为力，于是浪迹花丛，无聊度日。看似风流无状，实则孤独压抑。他只在给刘三的信中吐露了心声"处境苦极，深契如兄，岂不知之"。内心的痛苦幸好有知己可以诉说，苏曼殊曾在复刘三的信中说"因知我性情遭遇者，舍兄而外，更无他人矣"，可见二人的深情厚谊。

苏曼殊赠给刘三的诗画亦多。苏曼殊不轻易为人作画，但对于刘三，则是有求必应，甚至主动作画赠予刘三。1907年，苏曼殊东渡省亲，身体的病痛折磨着他，他只好在母亲身边静养数月。百无聊赖之际，他想起了刘三。

东来与慈亲相会，忽感刘三、天梅去我万里

九年面壁成空相，万里归来一病身。

泪眼更谁愁似我，亲前犹自忆词人。

原题：东来与慈亲相会，忽感刘三、天梅去我万里，不知涕泗之横流也。快乐似乎总与痛苦并生。母亲的关心和照顾让苏曼殊感到无比温暖，漂泊万里，有母亲在，人生就有来路。然而脑病、肠胃病一起并发，只好停泊在母亲的港湾静静休养。苏曼殊想起了好友刘三距离自己万里之外，思念之情油然而生。"亲前犹自忆词人"，深切地表达了刘三在苏曼殊心中的重要地位。

1908年9月，苏曼殊自杭州白云庵转住韬光庵，夜闻鹃声，忆及刘三，于是绘《听鹃图》，并题诗一首。

西湖韬光庵夜闻鹃声，柬刘三

刘三旧是多情种，浪迹烟波又一年。

近日诗肠饶几许？何妨伴我听啼鹃。

一句"刘三旧是多情种"，写出了刘三的真性情。两人本自多情，才会彼此惺惺相惜，建立了深厚的友谊。苏曼殊许久没见刘三了，当听到窗外声声杜鹃悲鸣，心中的烦闷，怕是只有刘三才能懂得。"杜鹃

花与鸟，怨艳两何赊。疑是口中血，滴成枝上花。"苏曼殊听闻革命起义失败，避居于西湖畔，最怕听见杜鹃哀怨悲切的暮春啼苦声。他忧思难寄，想起的是知己。若刘三此时陪伴身边，哀鸣声不至于令人肝肠寸断，愁煞多情人了。

刘三的夫人陆灵素，是沪上名医兼小说家陆士谔胞妹，有才女之名。她1906年在安徽芜湖皖江女学任教，与同校任教的陈独秀、苏曼殊相熟。苏曼殊常常在陆灵素面前称赞刘三，让年轻的陆灵素对这位豪放的侠义之士越来越好奇。后来经苏曼殊介绍两人认识。陆灵素一见，发现刘三果如苏曼殊所言，才华横溢且为人仗义，于是对刘三产生了好感。1910年，26岁的陆灵素嫁给刘三为继室，夫妻双栖于华泾黄叶楼。陆灵素颇通词曲，人们将他们夫妻比作赵明诚、李清照。刘三嗜酒成癖，有"小刘伶"之称，家中往往贮有佳酿，又性情豪爽，人多喜与为友。苏曼殊时时断炊，常常到黄叶楼去，夫妻俩热情款待，让苏曼殊倍感温暖。刘三曾因密谋刺杀两江总督端方被逮捕，释放后东渡日本。此时的刘三心情很沮丧，苏曼殊时时写信给他，给失落的刘三带来些许安慰。锦上添花的恭维无人铭记，雪中送炭的恩情终生难忘。这或许就是苏曼殊与刘三能彼此成为知己的原因吧。

刘三的革命热情很高，曾与邹容共同加入了孙中山创立的"兴中会"。他学成归国后，在南京陆军学校任教员，得知苏曼殊生活困窘，热情地邀请他一起共事。他后来与费公直等人在故乡华泾创办了一所丽泽学院，延聘朱少屏、黄炎培等全面讲求新学，宣传革命思潮，旨在培养反清志士。1909年，南社成立，刘三积极加入，并邀请苏曼殊一起参加。二人在南社的发展中发挥了很大的作用。只是苏曼殊的诗名无人不晓，而刘三却几乎湮没不闻。有人说刘三与南社的发起人之一柳亚子意见不合，不愿将诗文载南社诗集中，致使其诗名不显。我想，苏曼殊特定的身世让其诗歌读来悲切，故独具风格，名倾一时，而刘三更负义士之名，才使得诗名鲜有人提起吧。不管如何，这些都不妨碍二人相契数十载，饮酒赋诗、相互唱和，纵情高歌、恣意开怀。

刘三因其侠义，给人留下粗汉子的形象。其实他志趣高雅，诗酒之余，最爱梅花。他在家中庭院的空地遍植梅花，严冬雪至，寒梅吐蕊，立于树下，芳香四溢，大有和靖先生梅妻鹤子的雅趣。他执教北平期间，生活清苦，岁末无钱寄回家，想起园中梅花开得正好，便嘱咐妻子折梅换钱。天寒地冻，购者极少，刘三回家，只好将折下的梅花赠给友人。生活的苦寒未解清雅的情趣，刘三还写诗自嘲此事："典尽寒梅未疗贫，岂贤煮字裹儒巾。信知冰雪难论价，却割婵娟持赠人。"

刘三善书法，能篆、隶、行三体，尤擅汉隶，只可惜流传下来的作品不多，可能刘三在世未享高寿，平日又从不鬻书的缘故。郑逸梅曾评价他写字时的情景："他写字，从不对客挥毫，认为这是恶俗的海派表演，但如二三知己在座，那就破例为之，无所谓了。"可见字如其人，写字时亦洒脱直爽。苏曼殊曾请求刘三"暇时乞兄为我署'翁山女语'四字，各如钱大……如兄肯为曼作传，若赠序体，最妙"，刘三之书法，在当时定是颇负盛名的。

畏友仲子

在苏曼殊最亲密的朋友中，如果说刘三是知己，那么陈独秀就是良师益友。陈独秀在他困惑时启发他的思想，在他困难时助他完成梦想，苏曼殊总是尊敬地称呼他为"仲兄"。

苏曼殊与陈独秀在东京青年会时期就已相识，后来在《国民日日报》相处了一段时间。《国民日日报》因宣传革命思想被查封后，苏曼殊不辞而别，陈独秀再也不闻他的消息。数年后，陈独秀重返上海。一次，他与朋友在一家酒馆用餐，谈话间，闯入一个眉清目秀的和尚。陈独秀一看，正是苏曼殊。故友重逢，两人很是感慨。陈独秀邀请苏曼殊一起用餐。苏曼殊看到席间有牛肉便毫不犹豫地坐下，大快朵颐。再次见面，陈独秀深感苏曼殊的变化。他再不是那个寡言少语的青年，而是口不择言、高谈阔论、广交十方，还肆无忌惮地穿着僧袍出入风月场所。陈独秀悄悄将苏曼殊拉到一边，劝他不要穿僧衣来往公共场所。这样以后苏曼殊就改穿西服，旁人问起和尚为什么不穿僧袍了，他毫无顾忌地说，穿僧袍"吃花酒不方便"。

茫茫人海中再次与故友取得联系，两人都很高兴。他们又彼此互通书信，写诗互诉衷肠。二人一起在芜湖皖江中学任教，相处融洽。暑假，苏曼殊到日本省亲，与陈独秀同行。陈独秀曾陪伴苏曼殊去河合仙的住处，却发现河合仙已经搬走。苏曼殊伤心落泪，无助徘徊，像个孤单的无家可归的孩子。陈独秀只好陪在身边，轻声安慰他。

　　1909 年上半年，苏曼殊东渡日本，与陈独秀同住东京清寿馆。这一时期苏曼殊与乐伎百助枫子相爱，由于他皈依佛门之心未泯，入世之情又烈，所以在佛与情、灵与肉的斗争中苦苦挣扎，难以自拔。很多朋友直言规劝苏曼殊不要与日本女人纠缠，把家国仇恨夹在个人感情之中。看着苏曼殊整日为情所困，陈独秀不断劝导他，并支持他的恋情。苏曼殊写下《本事诗》十首，向陈独秀倾诉内心的巨大痛苦："我亦艰难多病日，哪堪重听八云筝"，"还卿一钵无情泪，恨不相逢未剃时"。陈独秀亦和诗十首，劝慰苏曼殊勇敢地面对爱情："一柱一弦亲手托，化身愿作乐中筝"，"相逢不及相思好，万境妍于未到时"。一字一句直叙情怀，俨然长者的谆谆劝诫，当然这也是陈独秀的爱情观。两人各抒胸臆，相互砥砺，体现了陈独秀与苏曼殊在风雨如磐的历史岁月中的深情厚谊。

　　苏曼殊斩断情丝后，在失恋的阴霾中走不出。陈独秀陪他散心，与他聊天，约他到上野公园游玩。经过不忍池，苏曼殊望着池中荷叶田田，粉色的荷花娇艳美丽，他的脑海又出现了百助枫子的笑脸，思念的潮水瞬间将他湮没。他将彼时的感受作成一首诗：

游不忍池示仲兄

白妙轻罗薄几重，石栏桥畔小池东。

胡姬善解离人意，笑指芙蕖寂寞红。

　　陈独秀望着他，知道他又触景生情了。有些伤痛唯有时间能够治愈，旁人又能怎么办呢？作为朋友，陈独秀只能远远望着，无可奈何。苏曼殊无意中经过曾经的相爱之所若松町街，树木依旧苍翠，人却不知何处。苏曼殊感慨万千，写下《过若松町有感》一诗。

　　　　孤灯引梦记朦胧，风雨邻庵夜半钟。
　　　　我再来时人已去，涉江谁为采芙蓉？

　　"涉江采芙蓉，兰泽多芳草。采之欲遗谁，所思在远道。还顾望旧乡，长路漫浩浩。同心而离居，忧伤以终老。"相爱而不能终老的忧伤弥漫在苏曼殊的内心深处，再次经过故地，竟大有物是人非之感。整首诗言辞悲切，陈独秀读罢唏嘘不已，内心对这个总是为情所困的青年倍感怜惜。

　　有人说：和你一同笑过的人，你可能把他忘掉；但是和你一同哭过的人，你却终生难忘。苏曼殊一有积蓄就大宴宾客，客至则开宴，宴毕即散，不通姓名，亦不言谢。这样的场合所遇之人，无非萍水相逢的他乡之客。只有孤独伤感时，陪伴在身边，把肩膀借给自己依靠的人，才是真正的朋友。陈独秀无疑就是后者。他在苏曼殊四顾茫然，不知母亲在何处时，给予安慰；在其失恋痛苦时陪伴左右，随时伸出自己的双手。他像苏曼殊的兄长，看到了这个漂泊孤苦的孩子脆弱的一面，也看到了他的才华和努力。

　　这一时期，对于苏曼殊来说，最大的收获是完成《梵文典》。苏曼殊在游历暹罗时，师从乔悉磨长老学习梵文，并由此进入印度古典文学和佛学的新天地。在撰写《梵文典》之际，陈独秀又给苏曼殊提供了一些英文参考书。苏曼殊得到参考文献，加上刻苦勤奋，顺利完成《梵文典》的写作。《梵文典》出版后，立即在学术界引起反响，朋友们纷纷致贺，陈独秀也作诗一首："千年绝学从今起，愿罄全功利有情。罗典文章曾再世，悉昙天语竟销声。众生茧缚乌难白，人性泥涂马不鸣。本原不随春梦去，雪山深处见先生。"他对苏曼殊的佛学研究给予了极大的肯定和鼓励。

1909 年 9 月，苏曼殊与陈独秀从日本回国。此后，苏曼殊又开始行踪不一，陈独秀也时常忙碌，二人时时不得相见。陈独秀感慨万千，作诗《存殁六绝句》（"存为广州曼上人，"殁"为同邑葛循叔），回忆那些已故和健在的曾与自己同甘共苦的朋友，其中便有思念苏曼殊的绝句一首：

> 曼殊善画工虚写，循叔耽玄有异同。
> 南国投荒期皓首，东风吹泪落孤坟。

陈独秀在这首绝句中，思念健在的苏曼殊和已故的葛循叔。上人为僧人的敬称，"广州曼上人"即"广州苏曼殊和尚"。"曼殊善画工虚写"，"南国投荒期皓首"。他称赞苏曼殊的画虚实相生、朦胧含蓄，具有很高的艺术价值。他将此诗抄寄给苏曼殊，一时曾响绝文坛。

1913 年 3 月 20 日，袁世凯派人在上海火车站刺杀宋教仁，举国哗然。孙中山当机决定兴兵讨袁，并召安徽都督柏文蔚等来上海共商大计，陈独秀时为都督府秘书长。袁世凯先发制人，继免去李烈钧的江西都督后，又免去柏文蔚的安徽都督，陈独秀也随之辞职。7 月，孙中山再次兴师讨袁，柏文蔚积极响应，在安徽宣布独立。二次革命失败，袁世凯的爪牙倪嗣冲任皖督民政长后，便对陈独秀发出通缉令，陈独秀不得不出走安庆来到上海。此时，苏曼殊脑病未愈又患上肠疾，医生嘱咐他到日本疗养。肠胃稍稍好一些，苏曼殊简单收拾了一番，来到黄浦江畔。陈独秀冒着危险，来为苏曼殊送行。两人互道珍重、握手作别。苏曼殊赠给陈独秀一首诗《东行别仲兄》：

> 江城如画一倾杯，
> 乍合仍离倍可哀。
> 此去孤舟明月夜，
> 排云谁与望楼台。

苏曼殊曾向陈独秀学习作诗，在作诗上，苏曼殊无疑是陈独秀的学生了。这首诗字里行间真切地流露了诗人对祖国的深沉爱恋和炽热感情，表达出自己对陈独秀的真挚、热烈的思念之情。陈独秀感动得落泪，也作诗《曼殊赴江户余适皖城写此志别》相赠："春申浦上离歌急，扬子江头春色长。此去凭君珍重看，海中又见几株桑。"这首诗抒写出与挚友的依依惜别之情，并劝告苏曼殊应多观世事，一路珍重，言辞恳切。陈独秀总是像长者一样劝导告诫苏曼殊，从侧面也反映出，苏曼殊长期以来非常敬重陈独秀，并时常称他为"畏友仲子"的原因了。敬而生畏，敬而有爱，这是苏曼殊与陈独秀的独特感情。前路漫漫，两人心中满是离别的伤感，直到轮船将行，才依依惜别。

1914 年，陈独秀再次来到日本，协助章士钊编辑《甲寅》。此时，苏曼殊正有着文学创作的冲动，尝试写作短篇小说《绛纱记》。陈独秀很欣赏苏曼殊的小说，立刻将这篇小说发表在《甲寅》上。这时，《甲寅》已随章士钊和陈独秀迁到上海，而苏曼殊仍在日本。章士钊和陈独秀都为《绛纱记》作了序。

苏曼殊由日本回到上海，已经疾病缠身、虚弱不堪了。这时，陈独秀正在上海创办《新青年》杂志，这本杂志成为新文化运动、中国现代文学和文化思想史上最重要的刊物之一。此时的苏曼殊患有多种疾病，神经衰弱、胸痛、痔疮、痢疾和肠胃病的煎熬，已使他痛苦不堪，他疲乏至极，似有不祥的预感。在致友人的信中甚至伤感地说："人事固多变，恐后此终无再见之日。"只是朋友们多忙于革命四处奔波，时常身不由己，只能闲暇时来看望他。对于他所作的小说，陈独秀都是一如既往地支持，将其发表在《新青年》上。

1918 年，苏曼殊身体状况越来越差，在最后的日子里，他还托人带信给陈独秀，希望病愈后能得到资助，送他到意大利学画。他知道陈独秀永远都会在背后支持他，像兄长和亲人一样。

世人皆不解苏曼殊的疯癫，陈独秀却认为他是"佯狂避祸"，表面上疯癫憨傻，实际上是对人情世故看得过于透彻而不肯俯仰。许多人认为他是傻子，实在是上了苏曼殊的当。苏曼殊病故后，陈独秀感慨地说道："在许多旧朋友中间，像曼殊这样清白的人，真是不可多得了。"可见陈独秀对苏曼殊的相知之深。

两人风雨数十年，尽管人生观、价值观不同，选择的道路也不一样，但深厚的情谊从未改变。一个性情纯真，一个如长者般敦厚；一个敬仰信任，一个支持包容。这段友情纵使百年后的今天，仍让人感动不已。

交友不慎

人生路上，有些人成了老友，时间将友谊发酵得愈久弥香，只需一个眼神就能心照不宣；有些人却与自己分道扬镳，最后渐行渐远。苏曼殊怎么也没想到，刘师培就是那个与自己渐渐疏远的人。

1909 年，苏曼殊在杭州白云庵小住，与刘三饮酒赋诗，畅叙幽情。不久刘三回到陆军学校准备开学事宜，两人惜别。苏曼殊一个人在西湖的山水间流连忘返，倍感惬意。一日，苏曼殊正在白云庵作画，忽听见寺院中有人声，仔细一听，竟是有人要出家为僧。此人名叫雷铁崖，是南社诗人。原来这段时日，端方在上海大肆搜捕革命党人，雷铁崖被通缉。他匆忙之中向胡适借了一床棉被，又让陶成章写了一封介绍信，连夜赶到杭州白云庵出家。住持赶紧将雷铁崖请进庵中，并将苏曼殊介绍给他认识。

同是南社诗人，让苏曼殊感到很亲切，他热情地同雷铁崖打招呼，然而雷铁崖只是冷冷地看了他一眼，就抱着被子回到禅房。苏曼殊感到很难堪，但更觉得困惑。自己与雷铁崖并无往来，对方似乎对自己成见很深。苏曼殊几次三番主动搭讪，雷铁崖都毫不理睬，有时还用充满敌意的眼光看着自己，苏曼殊感到如坐针毡。雷铁崖每日不是读书就是睡觉，实在无法与之交谈。苏曼殊了无趣味，索性白天睡觉，晚上就披衣到西湖赏月，天明方归。

苏曼殊昼伏夜出的反常行为，更加让雷铁崖警觉。一天天色稍亮，苏曼殊披着一身夜色踏进白云庵的门，扫地的小沙弥送来一封信。信上怎么没有贴邮票呢？苏曼殊疑惑地打开信封，里面滚出的两粒子弹在地面上发出清脆的声响，顿时使他大惊失色。展开信一看，信中的内容更是让他感到不安。信中说，革命党人通过多日观察，认为苏曼殊行踪十分可疑。早就看出其与叛徒刘师培沆瀣一气，替端方刺探消息，出卖战友，若再敢与刘师培等人同流合污，必将末日来临。反复读了几遍，苏曼殊已经汗流浃背，他的眉头拧在一起，感到四周都是危险。来不及与住持大师辞别，更等不了刘三了，苏曼殊胡乱收拾了一下衣物，匆匆离开白云庵。

苏曼殊遭恐吓的消息传出后，舆论一片哗然。苏曼殊心里觉得很委屈，刘三得知后便写诗安慰苏曼殊："流转成空相，张皇有怨辞。干卿源底事，翻笑黠成痴。"后来，此事惊动了章太炎，他赶紧发表《书苏元瑛事》一文，出面替苏曼殊澄清他与刘师培的关系，为苏曼殊辩解。他在文中称苏曼殊是"独行之士，从不流俗……凡委琐功利之事，视之蔑如也"，"元瑛可诬，乾坤或几乎息矣"。章太炎的澄清化解了革命党人对苏曼殊的怀疑。

后来人们才知道，这封匿名恐吓信正是雷铁崖所为。苏曼殊与刘师培过去的亲密关系人所共闻，因此不少革命党人都误认为苏曼殊与刘师培是一丘之貉，把革命党人被捕的账也算了一份在苏曼殊头上。1912年初，苏曼殊在上海与柳亚子等南社会员创办《太平洋日报》，雷铁崖专程到报馆与苏曼殊见面，并向苏曼殊道歉，两人一笑泯恩仇。当然，这是后话了。

苏曼殊遭此恐吓，让他看到昔日的好友刘师培已经完全站到革命的对立面了。他感到茫然无措，困惑不已。曾经为了革命连命都敢豁出去的号称"激烈派第一人"的刘师培，为什么突然间就背叛革命了呢？

1907年初，快过春节了，苏曼殊一个人在上海，不知道该向哪里去，朋友们都很忙，他也不想打扰。一日，刘师培、何震夫妇来拜访，了解了他的困境，夫妇俩热情地留下，陪苏曼殊在上海过春节，打算春节后一起东渡日本。苏曼殊立刻同意了。苏曼殊与刘师培早就相识，刘师培在皖江中学宣传革命期间还曾邀请苏曼殊去任教。刘师培的妻子何震热情开朗，极有才华，她告诉苏曼殊自己正打算编一本苏曼殊画集，还恳请苏曼殊收自己为弟子。

春节刚过，刘师培夫妇与苏曼殊一起，东渡日本。在日本，刘师培结识了孙中山、黄兴等人，并加入了同盟会。苏曼殊在民报社与章太炎同住，一边埋头《梵文典》的著述，一边为《民报》撰稿。

此时的刘师培正抱着满腔的革命激情和美好向往投身革命中。可是刚到东京，刘师培便赶上日本政府劝逐孙中山的事件，立刻被卷入了革命阵营的内讧，对孙中山大举围攻。这件事，激发了刘师培对孙中山的失望情绪，埋下了背叛革命的心理基础，成为他脱离革命的起点。此后，刘师培创办《天义报》，宣扬无政府主义。一系列的事件，像一盆冰水冷却了刘师培的革命热情，他对革命产生了深深的失望。加上他本身性格偏激，对革命的复杂性缺乏认知，一旦遭遇残酷的现实，便产生消极的情绪。刘师培的道路越走越偏，也是导致他与许多人疏远的原因。在"外恨党人，内惧艳妻"的心理作用下，刘师培

"渐动其心"，终于被拉下水，投靠了清廷端方。

可以说刘师培在日本的这段时间，其思想波动之大，失望失落之深是前所未有的。苏曼殊后来与他们夫妇同住，也感觉到了夫妇二人的变化。如果说从前二人对苏曼殊的情意更单纯些，在革命党人内讧，尤其是与很多人决裂后，刘师培对苏曼殊就有了利用的感觉。他希望与苏曼殊一起办《天义报》，不满苏曼殊与章太炎关系过于亲密，无疑将苏曼殊当作自己的个人财产了。然而苏曼殊是很有思想且敏感的，在几次争辩后，苏曼殊收拾行李离开了刘师培的家。

直到回到上海，苏曼殊仍与刘师培夫妇有交往。只是此时的刘师培已经彻底投靠清廷，为清廷卖命了。苏曼殊不是那种撕心裂肺彻底决绝的人，他没有与刘师培夫妇撕破脸，而是保持一定的距离。在苏曼殊看来，是否有气节是尊重朋友的一个重要前提。刘师培夫妇热情依旧，只是变了味的殷勤在苏曼殊看来充满了悲哀。直到被不明真相的革命党人误解，苏曼殊才与刘师培再没有联系。

中国人讲究骨气。孟子云"富贵不能淫，贫贱不能移，威武不能屈"，铮铮铁骨是大丈夫立身处世的根本。南宋末年，首都临安被元军攻入，丞相文天祥组织武装力量坚决抵抗，失败被俘后，元朝劝他投降，他写下了"人生自古谁无死，留取丹心照汗青"的诗句，表现了有骨气的人的英雄气概，流芳百世。不食嗟来之食的故事更是表现了人民的骨气，被人们口口相传。这样的事例简直不胜枚举。那些变节投敌的小人，历来为人所不齿，其下场是被钉在历史的耻辱桩上。刘师培夫妇在历史的大潮中选择了倒行逆施，反复变节，最后贫病交加，苟活于世。还是章太炎、陈独秀不计前嫌，欣赏刘师培的才学，请他到北大去任教。在人生历程的最后三年，他著书立说，为北大贡献了多方面的学术成就。1919年刘师培病逝，年仅36岁。而刘师培的妻子何震，一说其在刘师培死后发了疯，不知所终；一说其削发为尼，从此青灯古佛，了却残生。1919 年，苏曼殊已经去世一年有余了。

人生有许多选择，性格、个人意志，甚至整个时代都在左右每次的抉择。但无论怎样选择，都应拨开迷雾、把握机会、看清方向。一代经学大师刘师培是世所罕见的读书种子，少有的搞学问的天才，其读书之多、记忆之深、理会之透、运用之好，都无不证明着他的功力深厚。但在革命艰难的探索中选择了背叛革命，不仅改变了他一生的命运，也在革命党史上影响甚巨。一代情僧苏曼殊选择了遁入空门，在迷离的革命形势、茫然的未知中无所适从，索性在烟花柳巷、倡条冶叶中消极避世。

往事如烟，当历史的书页在时光里慢慢变黄，所有的过往都已成为尘封的记忆，所有的人和事由后人慢慢评说。

莫愁前路无知己

苏曼殊的一生，极少体会家庭的温暖，备受爱情的煎熬，唯有友情像浩荡宏大、可以随时安然栖息的梦想港湾，是漂泊的一生最温馨的回望。没有相伴身边的众多朋友，可能也不会成就苏曼殊非凡的艺术成就。

人生交契无老少，论交何必先同调。与朋友交往不在乎身份地位年龄之间的差异，重要的是朋友之间能够交心。人之相识贵在相知，人之相知贵在知心。苏曼殊的朋友很多，早期留学日本时志同道合的革命青年，凡是与之交往的，都保持了很好的关系。为人真性情，不计较世俗琐事，是苏曼殊给人的第一印象。冯自由、秦效鲁、叶澜等就是此时认识的。高涨的革命激情让苏曼殊在革命团体中积极作为，也让更多的人认识了一个热心革命事业、忧国忧民的青年。回国后，辗转各地的苏曼殊或任教或办报，直接间接地从事着与革命相关的事情。直到他游历南洋，潜心研究佛理，回国后看到革命中的困难，遂在空门与歌馆间往来自如。当然，他的才华和怪癖也是吸引很多人与之交往的因素。柳亚子曾经说苏曼殊本人"奢豪好客，肝胆照人"，"海内才智之士，鳞萃辐辏，人人愿从玄英游，自以为相见晚"。不管怎样，真正的朋友必是真心相待，除了刘三、陈独秀，还有章太炎、柳亚子等人。

1907 年正月苏曼殊东渡日本后，与章太炎相识。章太炎的文学功底和佛学造诣，让苏曼殊受益匪浅。1907—1908 年，苏曼殊与章太炎同住东京民报社，其间著成《梵文典》八卷。章太炎为《梵文典》作序，二人常常交流切磋佛禅义理，随着苏曼殊佛学日益精进，章太炎称其为"师"，"盖以欲学梵文，有以就教曼殊"。1907 年秋天，苏曼殊还曾与章太炎商量，一起结伴去印度朝圣，深造佛学，但因为资金不足，只好作罢。

这一时期章太炎主编的《民报》引起了海内外强烈反响。《民报》是同盟会的机关报，以"驱除鞑虏，恢复中华，建立民国，平均地权"为宗旨。苏曼殊在《民报》上发表很多著名的画作，如《岳鄂王游池州翠微亭图》《太平天国翼王夜啸图》《猎狐图》等，加上章太炎的画上题识，借古人题材，喻现实朝政，这样的含沙射影让清廷非常不安。

与章太炎亦师亦友的关系，让苏曼殊收获很多。苏曼殊被恐吓事件，引起了章太炎极大的关注，他以自己对朋友的了解为苏曼殊辩诬，化解了误会。苏曼殊对章太炎也是尊敬热爱，每次见面，都称其为"炳麟老哥"。但在刘师培故意散播谣言，谎称章太炎变节时，苏曼殊不明真相，曾直呼其名"太炎"。待他知道真相，即懊悔道歉，其真性情可见一斑。

一直被曼殊尊敬的章太炎在辛亥革命后，公然反对孙中山，祖护袁世凯。当袁世凯出任临时大总统后，章太炎先后担任总统府高等顾问、袁世凯政府东三省筹边使等。敏锐的苏曼殊对这个比自己年长的生活挚友、革命导师写信提出了警告。忠言逆耳，是挚友才会不顾情面，直言相劝。

苏曼殊很多作品得以流传，柳亚子功不可没。很多作家去世后，其作品大多是自己的亲人整理汇编，因为作家的创作历程，可能亲人才最了解。刘三病逝后，其妻陆灵素收集整理丈夫的遗著，辑为《黄叶楼诗稿尺牍》，哪怕毁于战火，也以副本油印，分发亲友。苏曼殊一生未婚，飘零孤苦，虽有亲人，但无此心。能有柳亚子这样一位为他收集整理作品的朋友，苏曼殊此生无憾了。

柳亚子比苏曼殊小三岁，1906 年在上海同盟会机关部与苏曼殊相识，因为志趣相投两人关系渐进。南社成立时，柳亚子第一个提出将苏曼殊拉进来，可见柳亚子对苏曼殊才华的肯定与欣赏。两人通信很多，在苏曼殊回复柳亚子的信笺中，既有叙别后思念，对其家人的关心，也谈及自己的身体状况，转达对朋友们的问候。两人在信中互诉衷肠，一份份往来的信笺承载着风雨动荡的岁月平凡而又暖暖的人间真情。

1907 年浙江起义失败，秋瑾被杀害。苏曼殊听到秋瑾被捕后大义凛然、坚贞不屈，最后写下"秋风秋雨愁煞人"就义于绍兴轩亭口时，不禁悲愤交加、感慨万千。革命盟友皆是朋友，即使素未谋面。国内有志之士为秋瑾出版《秋瑾遗诗》，苏曼殊立即为《秋瑾遗诗》写了一篇序言，表达对这位女侠的敬佩之情。

死即是生，生即是死。秋瑾以女子身，能为四生请命，近日一大公案。秋瑾素性，余莫之审，前此偶见其诗，尝谓女子多风月之作，而不知斯人本相也。秋瑾死，其里人章炳麟序其遗诗，举袁公越女事。嗟夫，亡国多才，自古已然！余幼诵明季女子绝命诗云：

> 影照江干不暇悲，永辞鸾镜敛双眉。
>
> 朱门曾识谐秦晋，死后相逢总未知。
>
> 征帆已说过双姑，掩泪声声泣夜乌。
>
> 葬入江鱼波底没，不留青冢在单于。
>
> 少小伶仃画阁时，诗书曾拜母兄师。
>
> 涛声夜夜催何急，犹记挑灯读楚辞。
>
> 生来弱质未簪笄，身没狂澜叹不齐。
>
> 河伯有灵怜薄命，东流直绕洞庭西。
>
> 当年闺阁惜如金，何事牵裾逐水滨。
>
> 寄语双亲休眷恋，入江犹是女儿身。
>
> 遮身只是旧罗衣，梦到湘江恐未归。
>
> 冥冥风涛又谁伴，声声遥祝两灵妃。
>
> 厌听行间带笑歌，几回肠断已无多。
>
> 青鸾有意随王母，空费人间设网罗。
>
> 国史当年强记亲，杀身自古以成仁。
>
> 簪缨虽愧奇男子，犹胜王朝供事臣。

悲愤缠绵，不忍卒读；盖被虏不屈，投身黄鹤渚而死者。善哉，善男子，善女人，谛思之。视死如归，唏嘘盛哉。香山苏子谷扶病云尔。

秋瑾长眠于杭州西湖孤山。苏曼殊离世6年后，由孙中山出资千金，陈去病、柳亚子出面，将苏曼殊的遗骨也葬于杭州西湖孤山，与秋瑾墓相隔不远。这是后话。

革命如火如荼，伴随着纷争、流血牺牲和失败，苏曼殊感到困惑和迷茫。同是革命好友，却因政见不合反目成仇，夹杂着个人恩怨的伺机报复都让苏曼殊看不透。或许他早已看透一切，他不想站在谁的阵营，宁愿躲在自己的角落里，把痛苦咽在心里。

贫病交加之时，朋友们的慷慨解囊，才让他一次次渡过难关。他用一颗心，真诚地与人交换；用一支笔，写下缠绵多情的诗句，勾勒出意境高远的图画。逝者如斯，当过往都化成文字，再次读起时，那些字里行间流露出的款款深情，依旧让人动容。

第七章　佯狂与老饕

才子多怪癖

明朝张岱曾说："人无癖，不可与交，以其无深情也；人无疵，不可与交，以其无真气也。"才子更是多怪癖，大有"世人笑我太疯癫，我笑他人看不穿"的自得狂放。每从书本读到这些可爱的怪癖，常常忍俊不禁。那些正襟危坐、不苟言笑的假象瞬间幻灭，脑海里出现的是有血有肉的生动形象。

竹林七贤之一的刘伶善饮，每次出行带上一把锹，扬言"死便埋我"。一次有客来访，他不穿衣服。客责问他为何裸露，他说："我以天地为宅舍，以屋室为衣裤，你们为何入我裤中。"活脱脱一个醉汉形象。

郑板桥任潍县县令时，辖地曾遭遇水灾。他不忍百姓受苦，等不及朝廷的旨意，便私自下令放粮赈灾。自己也节衣缩食，并捐出微薄的俸禄。不仅如此，他还命当地的大户轮流开设粥厂救济灾民。

因为此事，他不仅得罪了顶头上司，还得罪了富商大户。郑板桥索性辞官，回到扬州，从此寄情山水，卖画为生。日子虽然清贫，却也得了身心自由。

郑板桥极有才华，他的诗、书、画堪称"三绝"。他还有一个怪癖，就是平生只爱"瘦竹、惠兰、怪石"，一生只画"竹、兰、石"三样。他给自己立了个"三不卖"的怪规矩："一、达官贵人不卖；二、生活够了不卖；三、不高兴也不卖。"有如此怪才、怪癖、怪规矩，难怪被称为"扬州八怪"之一。

刘伶的嗜酒佯狂、任性放浪，郑板桥的卖画怪癖皆是对现实黑暗的不满。才子们的才华得不到施展，索性用世人难以理解的方式表达出来。不走寻常路，因为没有寻常路可走。

苏曼殊所处的时代，国家满目疮痍，人民生活于水深火热中，整个社会处处存在着不平等，很多人在社会浪潮中丢失人生的信念，为个人私欲蝇营狗苟。苏曼殊无力改变这些，不愿向社会妥协，他压抑内心深处无法排解的愁苦，表面的行为也越来越疯癫。在生活的小事中，他常常做出让人无法理解的行为，引以为笑谈。

柳亚子的儿子柳无忌，当时 6 岁，几乎天天与苏曼殊见面，但糊涂的苏曼殊总当他是一个女孩子，还把他的名字改做"无垢"，送无忌的一本画报上写的就是"无垢女公子"。后来，柳亚子的第二个孩子正是个女孩，于是就取名"无垢"了。

或许是从小缺乏家庭的影响，苏曼殊有点不通人情世故，在金钱上也是使用无度，不知节制。一旦得钱，便大肆挥霍，无钱之时忍饥挨饿，靠人接济，或者索性躲进寺庙之中。鲁迅曾说："曼殊和尚是一个古怪的人，黄金白银，随手化尽，道是有钱去喝酒风光，没钱去庙里挂单。与其说他是虚无主义者，倒应说是颓废派。"

有一天，友人送给他数十元，他自己上街买了一件蓝色袈裟，也不问价钱，丢下二十元就走，余下的钱币也一路随手飘落在地。又一日，苏曼殊得到老友接济的钱财，很高兴，想到自己衣裳破旧，便央请一位农妇为他做一件僧衣。到约定时间去取时，苏曼殊丢下十元钱，还问够不够，农妇大为吃惊。当时一个女佣一月的工钱是一元钱，十元钱实在是太多了。农妇准备还钱给他时，却发现苏曼殊早就走远了。对于苏曼殊来说，钱来得容易，用时也就一挥了事，大有视金钱为粪土之感。

一次在上海，苏曼殊收到了300元的稿费，他整日呼朋唤友，天天上馆子，香车美食，不在话下。有人向他打听上海的出租车价格，他说起步价是八元。别人租一天车，都只是三元，他坐一程，却三倍之多，为什么？因为有钱了的曼殊和尚不坐一般车，非豪华车不坐！

如此挥霍无度，苏曼殊常常囊空如洗，以致在医院中，到了该出院的时候，他无法支付医药费，就连随身穿的衣服也全部典当出去。朋友去看他，见他用被子盖住全身，但气色尚好，就问他为何不出院。回答说："衣已典当，总不能赤条条步出医院。"朋友无奈，只好帮他置办一身衣服，缴纳医药费。

由于长期多愁善感，苏曼殊有严重的精神抑郁，有时显得神经兮兮，被人唤作"苏神经"。他曾经泛舟湖面，想起黑暗的社会现实、不被人理解的心境、无法摆脱的人间纠缠，不禁感慨万千，抱着《拜伦诗集》反复吟诵，泪流满面。船工目瞪口呆，以为遇上精神不正常的人。住在杭州白云庵时，苏曼殊经常白天睡觉，晚上穿着短褂，露着胳膊，脚拖木屐，孤星伴月游步苏堤、白堤，一走就是一夜，直到黎明才回到寺院里。寺院中的和尚，惊呼其为奇人。

1916年，他在上海无意中得到一张德国明信片，上有一女郎肖像，他便与叶楚伧等人开玩笑，故意夸扬当作真有其人，请他们赋诗，自己还写了一篇《碧伽女郎传》。

碧伽女郎，德意志产。父为一乡祭酒，其母国色也。幼通拉丁文。及长，姿度美秀，纤腰能舞。年十五，避乱至圣约克。邻居有一勋爵，老矣，悯其流落可叹，以二女一子师事之，时于灯下，弦轸自放。自云："安命观化，不欲求知于人。"和尚闻之，欲观其人，乃曰："天生此才，在于女子，非寿征也！"

　　蜀山父绝句云：

　　子夜歌残玉漏赊，春明梦醒即天涯。

　　岂知海外森林族，犹有人间豆蔻花！

　　白傅情怀，令人凄恻耳！

　　细雨高楼春去矣，围炉无语画寒灰。

　　天公无故乱人意，一树桃花带雪开。

　　碧伽女郎濒死幸生，程明经乃以歪诗题其小影。嗟乎！不幸而为女子，复蒙不辜之名。吾知碧伽终为吾国比干剖心而不悔耳！

四月二十一日

　　虽为戏言而作，读来却有一丝伤感。或许在他的笔下，"天生此才，在于女子，非寿征也！"既是说别人，也是自己的人生写照。

　　他敏感于一些字眼，比如"支那"，是日本侵略者对中国的蔑称。苏曼殊每每听见，心生反感。于是他考证"支那"一词本意。

　　近证得"支那"一语确非"秦"字转音。先是见《翻译名义集》，译"支那"一语本"巧诈"义，心滋疑惑。及今读印度古诗《摩诃婆罗多》元文，始知当时已有"支那"之名。按《摩诃婆罗多》乃印度婆罗多朝纪事诗。前此有王名婆罗多，其时有大战，后始统一印度，遂有此作。王言："尝亲统大军，行至北境，文物特盛，民多巧智，殆支那分族"云云。考婆罗多朝在西纪前千四百年，正震旦商时。当时印人慕我文化，称"智巧"耳。又闻王所言波斯国俗，今时所证皆确。

1915年5月，苏曼殊在东京修养一段时日后，去西京游玩。一次，他正坐在公园的长椅上望天空。旁边一个日本侏儒不知怎么回事，在身上摸摸索索，最后在头发里捉到一只虱子，诬称是从苏曼殊衣服上爬到他头上去的。苏曼殊觉得又气又可笑，问他有什么证据。侏儒生气地说，只有你们支那人身上才有虱子。苏曼殊反驳他说："我的虱子出自身上，是白的，你的出自头上，是黑的，怎能说是我传染给你的？"侏儒张口结舌，无言以对。但苏曼殊感到了深深的侮辱，他为自己身上的日本血统感到难受。他下决心再也不说一句日语，以示决绝。鲁迅在给友人的信中说："曼殊和尚的日语非常好，我以为简直像日本人一样。"但他自此再也不肯说日语，宁可不厌其烦地寻找翻译。即使旧病复发也不去日本的医院，因为不想说日语。

苏曼殊的小故事读来好笑又心酸。无论是疯癫神经，挥霍不计将来，还是敏感的神经跳动的火热情怀，都不难看出他真挚的性情，于友人、于祖国，皆是一往情深。

糖僧

有人说：吃甜食可以增加人的幸福感。也有人说：喜欢吃甜食的人一般都命苦。《甄嬛传》中安陵容在死前说，宫中待久了，苦杏仁吃着也是甜的。宫闱里的女人们，有着无数等待的漫漫长夜和数不清的明争暗斗，她们喜食甜食，以此来安慰苦涩的内心。

剥一块糖放在嘴里，许多的甜蜜分子在舌尖簇拥，继而如潺潺的河流，在齿间慢慢融化开。研究显示，人的身体有种本能，当你缺乏某种营养物质时，你会不由自主地想要多吃它，来维持身体的某种平衡。苏曼殊爱吃甜食，且吃起来不要命，曾自称"糖僧"。大概生活太苦，才需要外在的补偿来达到平衡吧。

生活拮据的时候，苏曼殊可以靠喝水硬撑，但没有糖，他感到无法忍受，仿佛吃糖也有瘾一般。苏曼殊最喜好的是一种叫西洋摩尔登糖的外国糖果，据说是法国作家小仲马的《茶花女》中女主角玛格丽特喜欢吃的。苏曼殊因为爱慕茶花女，也就特别爱吃这种糖果。每次有点润笔收入，就去买几瓶"摩尔登"大吃一顿。有一次，他想吃摩尔登糖，可是口袋里空空如也。他走到一家食品店，用手将嘴里的金牙摘下，要换几瓶摩尔登糖。店主目瞪口呆，待确认是真金后，方才答应。相比李白"五花马，千金裘，呼儿将出换美酒"的狂放豪迈，贺知章解金龟换酒的豪情万丈，苏曼殊以金牙换糖显得更加彻底和落寞。

苏曼殊住苏州时，偶尔吃到苏州酥糖，觉得很美味，一天吃数十包。吴江土产的麦芽糖饼，常人吃三四枚已经足够，曼殊能一口气吃二十枚之多。

1911年春，苏曼殊从爪哇返国，身上还有好几百元钱，他将那些钱全都买了糖果带上船。在两星期的航程中，他竟把所有的糖果吃完，让同船的人惊诧不已。

苏曼殊因肠胃病住在上海宝昌路医院，院长禁止苏曼殊吃糖炒栗子，不料他竟私下藏匿了三四包，趁人不注意偷吃。据说苏曼殊死后，他的枕头底下还有不少糖果，真可谓爱甜如命。

苏曼殊也喜食八宝饭。每到刘师培家或刘三家中，便能吃到甜甜糯糯的八宝饭。苏曼殊还在给柳亚子的信中，谈到自己因"背医生大吃年糕，故连日病势又属不佳。每日服药三剂，牛乳少许"，"足下思之，药岂得如八宝饭之容易入口耶"，想来柳亚子读到此，内心定是既感到心疼，又觉得好笑。

当时著名的小说名家包天笑曾有一诗调侃苏曼殊的嗜糖顽习：

> 松糖桔饼又玫瑰，甜蜜香酥笑口开。
>
> 想是大师心里苦，要从苦处得甘来。

一甜一苦，一笑一悲，包天笑的一首戏谑诗，说到了苏曼殊的内心深处。若不是心中悲苦，何必要靠甜食来维系活下去的念头。苦处何来甘甜呢？只有八宝饭、摩尔登糖才有吧。那些甜食的个中滋味，苏曼殊未必都细细品尝，只要甜蜜在口中暂时留存，在心里飘然而过，留下些淡淡的回味就够了。

当苏曼殊还是孩童，倍感人间的冷漠时，他将几粒糖果攒在手心，开始了漂泊的生活。也许从那时起，他就需要甜食来安慰自己。有人说：甜味是人类出生后首先接受和追寻的味道，母乳就是甜的，因此爱吃甜食可谓一种本能反应。苏曼殊一生最放不下的就是母亲，爱吃甜食，是否能理解为苏曼殊在童年时代缺失母爱的补偿呢。

不管怎样，对于苏曼殊，雪茄能解愁，糖果能忘忧，不是吗？

饮食无节制

"盖聚物之夭美，以养吾之老饕"，道尽了吃货的心声。中华民族对美食的追求，由来已久。苏东坡不仅爱吃还会做，其发明的烧肉之法做出来的红烧肉，醇香味美，百姓称之为"东坡肉"。李渔在《闲情偶寄》"饮馔部"一章，介绍了很多食材及做法，精妙至极。

苏曼殊也爱美食，但他只能称为老饕。在吃方面，与文人雅士讲究饮食完全不同。无钱时他能忍饥挨饿数日，一旦有钱或遇美味，动辄暴饮暴食，毫不节制。

有一段时间，苏曼殊觉得人造冰很好吃，于是每日都吃。旁人吃冰，一天吃一点就受不了了，但苏曼殊不然，非要吃到过瘾。章太炎曾记载苏曼殊在日本时"一日饮冰五六斤，比晚不能动，人以为死，视之犹有气，明日复饮冰如故"。

柳亚子送给他 20 个芋头饼，他一顿吃下去，肚子痛得不能起身。有人不怀好意赌他一次能吃下 60 个肉包子，他欣然答应，吃到 50 个时，友人劝他不能再吃了，他非坚持吃完不可，还跟劝他的朋友吵了起来。

无规律的饮食习惯让苏曼殊本就多病的身体更加羸弱不堪。每次暴饮暴食后，苏曼殊常常腹痛难忍，以致后来二日一小便，五日一大便，身体机能极度紊乱。但就算因此生病住院，苏曼殊仍不听医嘱，无所禁忌，偷吃糖果和糖炒栗子，以致病情更加严重。

苏曼殊虽出家，在饮食上却毫无顾忌，吃肉喝酒，自得其乐。《燕子龛随笔》，记载自己和革命家赵声（赵伯先）的交往。每次赵声必命士兵携壶购板鸭黄酒，赵"豪于饮"，他则"雄于食"。有次赵声取笑苏曼殊说："和尚馋嘴吃肉，是否有违佛戒？"苏曼殊一本正经地说："佛说一切皆空，今罗列于前者，即他日的灰尘，又何足言怪。"真是酒肉穿肠过，佛祖心中留。

苏曼殊爱吃牛肉，每次与朋友宴饮，必会点上几大盘，然后以风卷残云之势扫入腹中，还笑称自己是"牛肉和尚"。友人们抓住这一点，常同他逗笑取乐。一天，他与宋教仁、林广尘等聚会，他进浴室洗澡后，大家故意扬言要下馆子吃牛肉去，还拼命制造各种响声，似乎马上就要走的样子。苏曼殊在浴室急得像热锅上的蚂蚁，浑身水珠来不及擦干就跑了出来。看到他那副狼狈紧张的样子，大家一齐哄笑起来。在日本留学时，苏曼殊有一次给柳亚子写信，落款时竟是"写于红烧牛肉鸡片黄鱼之畔"，令收信的柳亚子捧腹大笑。苏曼殊在给友人的信中写道："唯牛肉、牛乳劝君不宜多食。不观近日少年之人，多喜牛肉、牛乳，故其性情类牛，不可不慎也。如君谓不食肉、牛乳，则面包不肯下咽，可赴中土人所开之杂货店购顶上腐乳，红色者购十元，白色者购十元，涂面包之上，徐徐嚼之，必得佳品。如君之逆旅主人，询君是何物。君则曰红者是赤玫瑰；彼覆询白者，则君曰白玫瑰。此时逆旅主人，岂不摇头不置，叹为绝品耶。"我一向以为苏曼殊囫囵吞枣，必定食不知味的，由此观之，其在吃上还颇讲究。

尽管生活上常常困窘，但一旦得钱，苏曼殊首先想到的一定是大吃一顿。有次孙中山得知苏曼殊生活窘迫，派宋教仁给他送去二百元银洋，苏曼殊欣喜若狂，立即大发请贴，请周围朋友在餐馆聚餐。孙中山和宋教仁也接到请贴，两人面面相觑、哭笑不得。孙中山只好笑着说："走，咱们去赴宴，让他高兴高兴……"

苏曼殊是杭州西湖白云庵的常客。白云庵的和尚曾记曼殊小住于此的情形："苏曼殊真是个怪人，来去无踪，他来是突然来，去是悄然去。你们吃饭的时候，他坐下来，吃完了顾自走开。他的手头似乎常常很窘，老是借钱，把钱汇到上海一个妓院中去。过不了多久，便有人从上海带来许多外国糖果和纸烟，于是他就不想吃饭了，独个儿躲在楼上吃糖、抽烟。"

1916 年 1 月，苏曼殊在杭州写给刘半农的信中说："胸膈时时作痛……雪茄当足一月之用。"似乎有雪茄可抽，有糖可吃，在饮食上就可以随意了。

饮食无度，暴饮暴食，终于导致严重的肠胃病。苏曼殊英年早逝，与不健康的饮食习惯有很大的关系。苏曼殊的挚友陈独秀认为，令大家引为笑柄的苏曼殊的贪吃，是他见举世污浊，遂起厌世心理，因而采取的自杀策略，所以乱吃乱喝，以求速死，最终还是死于乱吃乱喝而导致的肠胃疾病。在许多旧朋友中，像苏曼殊这样清白的人，真是不可多得了。

苏曼殊在黑暗腐朽的封建大家庭出生，倍感封建大家族的冷漠，及至青年，目睹了清廷的黑暗，愤而投身革命。革命摸索的艰难，同志流血牺牲，辛苦换来的革命果实又遭窃取，民国政局依旧污浊，找不到出路的苏曼殊感到窒息彷徨，渐生厌世之感。他不止一次在给朋

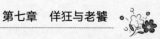

友的信中谈到"诚不愿栖迟于此五浊恶世",大有世人皆醉唯其独醒之感。于是,他浪迹花丛,追求饮食的感官享受,既然大醉一场不可得,就痛快地吃喝,直至把生命都赴诸其中。

真的猛士,敢于直面惨淡的人生,敢于正视淋漓的鲜血。暴食以求速死,是否过于消极了呢?人,始终无法跳出时代的局限。苏曼殊抬起一双泪眼,始终望不到渺茫的未来,只好摇摇头,陷入更沉重的思考。他以出世之态对入世之心,在矛盾中反复嗟叹,生而痛苦,何必苟活。情深而短命,徒留后人感慨吁叹。

第八章　终究诗文最解心

文僧

在《中国文学史》（第四卷，袁行霈主编，高等教育出版社）民国初期小说介绍中，苏曼殊的小说被称为"别具一格的哀情小说"，影响了"五四"一代作家。

苏曼殊逝于1918年，恰是"五四运动"的前一年。假如他能看到"五四运动"和新文化运动的爆发，是否还会愁苦徘徊，不知出路，抑或能投身于革命的洪流中？当我们被时代不断推向前，那些思想的精华结晶而成的文字，依旧在时间的长河里熠熠闪光，这就是文字的力量。

今天再读苏曼殊的小说，依旧觉得字字含泪，句句有情，那么写作的人在当时是怎样的伤感呢？作为一个写作者，我害怕写一些回忆的文字，怕不小心触及内心的柔软。思绪被巨大的情感包围，理智就被打乱成纷飞的飘絮。苏曼殊的小说多为自传体，是对回忆的再加工，"自述其历史，自悲其身世"，情思绵绵，是伤心人的自述诗。

苏曼殊成名作《断鸿零雁记》（1912年），被誉为"民国初年第一部成功之作"，以第一人称写自己飘零的身世和悲剧性的爱情，开创了第一人称抒情小说的格调。小说主人公三郎在日本出生后不久生父见背，其母跟随三郎的义父带三郎来到中国。三年后母亲返日，养母虐待三郎。三郎幼时曾与雪梅定亲，无奈三郎家运式微，雪梅后母势利霸道，逼迫雪梅父亲悔婚。三郎前往广州常秀寺做"驱乌沙弥"，化缘途中巧遇乳母。其后成为卖花郎，筹集东渡费用。其卖花时遇未婚妻雪梅，雪梅赠金了其心愿。三郎东渡日本寻见母亲，并与表姐静子相爱，无奈已证法身，皈依佛门，忍痛与静子别离。其回到中国，闻得雪梅已死，遂于荒草中遍寻雪梅之墓。"踏遍北邙三十里，不知何处葬卿卿"，整部小说在悲剧中结束，笼罩着一种绝望悲凉的氛围。

　　这部小说与苏曼殊早年的真实经历很相似，如生母是日本人，幼时饱受后母虐待，早年遁入空门，跟随西班牙牧师罗弼学习英文，东渡寻母，与静子恋爱等。苏曼殊在小说的结尾也写道："此章为吾书发凡，均纪实也"，以致后来很多人以此小说的情节来作为苏曼殊的人生经历。许多人读完这本小说，对苏曼殊谜一般的艰难身世更是感慨叹息。甚至有人传言意志薄弱者，不要读《断鸿零雁记》，以免伤心过度。

　　现代小说家姚雪垠曾说："我读他的《断鸿零雁记》至今近半个世纪，仍然印象很深……他的《断鸿零雁记》是带有自传性质的作品，写法上突破了唐宋以来文人传奇小说的传统，而吸收了外国近代小说的表现手法。"唐传奇、宋话本、明清小说中，鲜有以第一人称叙事的小说。文学意有所指，也是含沙射影，以所塑造的人物来表现内心所想。作者站在文字之外，思想渗于文字之中。第一人称的叙述方式，不免使人对号入座。苏曼殊大胆地以第一人称的叙述方式来写作小说，不惜将哀情隐衷告知于世，确实难能可贵，也使《断鸿零雁记》在同时代的小说中散发出了别样的魅力，在民国大量的哀情小说中高标秀出。有人说苏曼殊"开现代文学自叙体小说的先河",这样的评价是中肯的。

《断鸿零雁记》在《太平洋报》连载,一时成为热谈,加上苏曼殊的浪漫气质,复杂的身世遭遇,到处都在流传着苏曼殊的传说。许多女学生到报社去看苏曼殊,报社挤满了热心的读者,甚至还有人将苏曼殊的照片挂在床头,期待与之神交,对苏曼殊的痴迷可见一斑。

苏曼殊的另一部名篇《绛纱记》创作于1915年,是"曼殊用个人生活经历为基础,边哭边写的一篇著名短篇小说"。小说讲述了昙鸾与五姑、梦珠与秋云两对青年男女的爱情故事。昙鸾在星嘉坡舅父处认识了麦翁的女儿五姑,二人一见倾心,并订下婚约。不料舅父糖厂倒闭,麦翁私自毁约。昙鸾与五姑出海私奔,不幸遇到海难,二人失散。五姑在辗转中病故,昙鸾出家。秋云钟情于梦珠,以绛纱裹所佩琼琚赠梦珠。梦珠卖掉了信物,披剃出家,却又放不下情愫,见裹信物的绛纱犹在,"颇涉冥想,遍访秋云不得"。等到昙鸾代秋云找到了梦珠,梦珠又以学佛为由拒绝。秋云在寺中找到梦珠时,发现梦珠已经坐化了,绛纱还在梦珠的衣襟间。秋云伤心欲绝,出家为尼。

这本小说自叙色彩也很浓。柳亚子甚至认为小说中的两个主人公昙鸾和梦珠,都是苏曼殊一个人的化身。小说中的一些情节,确实也与苏曼殊的生平事迹有吻合之处。如梦珠寺中争食五香鸽子,在阳文爱、程散原创立的祇洹精舍教授英文,教习于安徽高等学堂等,尤其是食糖的情节,"有广东人流落可叹者,依郑氏处馆度日;其人类有疯病。能食酥糖三十包……确是梦珠",简直能与苏曼殊对号入座了。情与佛的矛盾纠缠在小说中表现得很突出,不得不说就是苏曼殊自身的真实写照。爱而不能相守,决绝又无法放下,伤害了所爱之人,自己也在痛苦中煎熬。难怪苏曼殊写完后,泪落衣衫,陷入痛苦与过往中无法自拔。

《绛纱记》发表于《甲寅》杂志，陈独秀为其作序："人生最难解之问题有二，曰死，曰爱……梦珠方了扯生死大事，宜脱然无所顾恋矣，然半角绛纱，犹见于灰烬。死也爱也，果孰为究竟也耶？"死与爱，又何尝不是苏曼殊苦苦思考的话题，道出了《绛纱记》最主要的矛盾所在。

1915 年，苏曼殊又马不停蹄创作了另一篇小说《焚剑记》。小说塑造了一位名为独孤粲者的侠士，仗义执行、侠肝义胆，兵乱中救助了阿兰阿蕙姐妹。在将姐俩送至姨家后，飘然而去。阿兰对其倾心，在拒绝了提亲后不顾一切去寻找独孤粲者。途中阿兰救了一个叫眉娘的女子，两人四处漂泊，后阿兰不幸在水灾后死去。眉娘与独孤粲者结为夫妻，阿蕙与死去的未婚夫的牌位成亲，终身守寡。独孤粲者得知两姐妹的凄惨结局，"出腰间剑，令周大焚之，如焚纸焉"。小说虽以爱情为题材，但对民生疾苦、战乱惨烈、人心险恶都进行了深刻的揭露。如阿兰与眉娘在漂泊流浪的途中向军将乞食，军将却拿出一人腿。行至一山村，看见老者食五香人心。后来投宿旅店，半夜听见店主夫妻商量着磨刀杀她们为食。两人惊慌逃走，回头看见村庄已被大水冲没，处处尸横遍野，到处惨不忍睹。整个《焚剑记》弥漫着悲凉阴森的气氛，揭示了战争对人民的戕害。

苏曼殊将《焚剑记》的主人公置于荒凉惨烈的环境，使整篇小说笼罩在灰色调中。但主人公的人格魅力及情感的追求仿若灰暗中一抹明丽的光亮，尤其是阿兰这一女性形象。她心地善良、对爱执着，为爱情不顾一切，最后呼喊着爱人的名字绝望地死去。美好的消逝难免引起人们内心的感触，苏曼殊正是用这样的方式唤起人们灵魂深处的希冀，对美好安宁的追求。《焚剑记》发表于《甲寅》杂志，此时的苏曼殊身体已经渐渐不能自持了。但他仍然继续创作了《碎簪记》（1916）、《非梦记》（1917），把心中那些伤感的故事说下去，仿佛唯有如此，才能卸下沉重的心事，把情感和思想寄予笔下的人物身上。

诗歌创作是情感的升华，绘画也不免应对之作。唯有小说是思想的积淀，是苏曼殊真正为自己而作且有感而作的东西。它来自内心深处，带着自己的影子，活在荒颓的世界。它通过个人，直指时代。个人是渺小的，但任何个人，都带有特定的时代色彩。有人说，真正的文学是超越时代的，因为它能透过表象看出时代的内在。俄国著名作家列夫·托尔斯泰的小说，被列宁誉为"俄国十月革命的镜子"，正是因为作品具有时代的意义。鲁迅的小说，开掘深、立意新，高瞻远瞩、熔铸古今，从国家、民族生死存亡的高度，从现实与历史血肉相连的深度来认识、分析、发掘事物的内在本质，铸造了无数经典的艺术形象，具有时代的意义与价值。

苏曼殊的小说情节哀艳，蓄意隽永，处处写实，字字凄恻，泪痕满纸，读之使人怆然。因为是文言文，今天读它们的人不多，但细读会发现，他所写的就是那个黑暗时代的真实写照。他笔下的人物在黑暗的社会环境中苦苦挣扎，不知前路在何处，最后或死去，或出家，或孑然于世。他们都是苏曼殊的化身，而这样的苏曼殊"不可无一，不可有二"。

诗僧

诗歌是什么？《毛诗序》云："诗者，志之所之也。在心为志，发言为诗。"可见，诗歌是表达志向的载体。南宋严羽《沧浪诗话》云："诗者，吟咏性情也。"诗歌是抒发情怀的方式。诗歌是用言语表达的艺术。读诗者，腹有诗书气自华；作诗者，满腹才华显笔端。苏曼殊的诗歌创作是有一定成就的。他的诗风格别致，自成一家。诗作现存约百首，多数为七言绝句，内容或为感慨之情，或是感怀之作。

在南社众多诗人中，苏曼殊是最瞩目的一个。他学诗颇晚却天赋最高，曾向陈独秀、章太炎请教作诗的方法，不出月余，诗意渐至佳境，并在报刊上发表了。柳亚子曾说："曼殊的文学才能，不是死读书读出来的，全靠他的天才。"

苏曼殊作诗速度极快，在他的诗作中，更有直接注明"口占"的诗，即随口而出的即兴发挥之作。如：

七绝·淀江道中口占

孤村隐隐起微烟，处处秧歌竞插田。

羸马未须愁远道，桃花红欲上吟鞭。

晨起口占

一炉香篆袅窗纱，紫燕寻巢识旧家。

莫怪东风无赖甚，春来吹发满庭花。

这些描绘自然风物的小诗，清灵隽永，诗意缠绵，画面鲜明，很有韵味。自古能出口成章者，不仅才华过人，更是其日积月累，刻苦努力的结果。苏曼殊热爱作诗，潜心学习，加上天资过人，自然能以清词雅韵居于南社诗人之上。

郭沫若曾说"苏曼殊的诗很清新"。确实，他的诗抒情时缠绵悱恻，千回百转；状物述态则形象逼真，历历如见；写人又栩栩如生，呼之欲出。如："柳阴深处马蹄骄，无际银沙逐退潮。茅店冰旗知市近，满山红叶女郎樵。"整首诗色彩明丽，诗中有画，情景交融，清新秀丽，使人如见其景，如临其境，营造出静谧幽深的意境，很有唐宋诗歌的韵味。好友郑桐荪说："曼殊多绝诗，风韵极佳，有神无物，而味极隽永，愈读愈见其佳。"

在诗歌艺术上苏曼殊受李商隐的影响，诗风大多幽怨感伤。特别是为情所感的诗作，既有情深时的爱意绵绵，也有情禅间的纠结徘徊，更有失恋后的痛苦失落，代表作为《本事诗》十首。苏曼殊的诗常常有感而发，在其诗作中，写给好友的诗歌也不少，刘三、陈独秀、包天笑、柳亚子等都收到过他的赠诗。一唱一和间，是深情厚谊的展现。

古诗大多托物言志，意有所指。苏曼殊的《吴门十一首》，既有

"吴宫花草埋幽径，晋代衣冠成古丘"的今昔感慨，亦有"越王勾践破吴归，战士还家尽锦衣"人世兴亡盛衰的感叹。"春泥细雨吴趋地"的苏州，迷蒙着淡淡的愁绪，在历史遗迹中显出岁月幽深的痕迹。苏曼殊有感于苏州的历史人文，写下这组诗，也是对时代的寄怀。

吴门十一首

一

江南花草尽愁根，惹得吴娃笑语频。

独有伤心驴背客，暮烟疏雨过阊门。

二

碧海云峰百万重，中原何处托孤踪？

春泥细雨吴趋地，又听寒山夜半钟。

三

月华如水浸瑶阶，环佩声声扰梦怀。

记得吴王宫里事，春风一夜百花开。

四

姑苏台畔夕阳斜，宝马金鞍翡翠车。

一自美人和泪去，河山终古是天涯。

五

万户千门尽劫灰，吴姬含笑踏青来。

今日已无天下色，莫牵麋鹿上苏台！

六

水驿山城尽可哀，梦中衰草凤凰台。
春色总怜歌舞地，万花缭乱为谁开？

七

年华风柳共飘萧，酒醒天涯问六朝。
猛忆玉人明月下，悄无人处学吹箫。

八

万树垂杨任好风，斑骓西向水田东。
莫道碧桃花独艳，淀山湖外夕阳红。

九

平原落日马萧萧，剩有山僧赋《大招》。
最是令人凄绝处，垂虹亭畔柳波桥。

十

碧城烟树小彤楼，杨柳东风系客舟。
故国已随春日尽，鹧鸪声急使人愁。

十一

白水青山未尽思，人间天上两霏微。
轻风细雨红泥寺，不见僧归见燕归。

郁达夫先生评价苏曼殊的诗作，认为："他的译诗比他自作的诗好，他的诗比他的画好，他的画比他的小说好。"他充分肯定了苏曼殊译诗的艺术价值。苏曼殊一生短暂，却掌握了英文、日文、梵文等多种外文，不得不说其有极高的语言天赋。在跟随西班牙牧师罗弼·庄湘博士学习英文时，苏曼殊开始了解西方文化，阅读西方的文学，接触到拜伦、雪莱的诗歌。在日本他继续大量阅读拜伦、雪莱的诗歌，并着手进行翻译。1907—1908 年他已翻译出《赞大海》《去国行》和《哀希腊》等名篇。

　　他对译诗有着独到的见解，他认为翻译应"按文切理，语无增饰，陈义悱恻，事辞相称"（《〈拜伦诗选〉自序》）。作为诗人，他的翻译不失原诗的特色，这是很多翻译者所欠缺的。他真切地走进原诗，体会作者的情感，翻译过程中以中国格律诗独有的韵味和凝练来阐释诗情，形成了自己独有的翻译风格。如《去国行》的第一节：

　　　　行行去故国，濑远苍波来。
　　　　鸣湍激夕风，沙鸥声凄其。
　　　　落日照远海，游子行随之。
　　　　须臾与尔别，故国从此辞。

　　"故国""沙鸥""落日""游子"是中国古诗中特有的意象。翻开唐诗，读到诸如"故国三千里，深宫二十里"（唐代张祜《宫词·故国三千里》），"飘飘何所似，天地一沙鸥"（唐代杜甫《旅夜书怀》），"浮云游子意，落日故人情"（唐代李白《送友人》）的诗句，独特的意象营造出苍茫旷远的意境。苏曼殊非常自然地将这些意象融合到译诗中，营造出一种苍凉雄浑的诗境，读之令人动容。

"按文切理"使苏曼殊对每一首译诗都感悟颇深，尤其对拜伦的诗歌。当他读到这样优美的文字，了解到拜伦坎坷的身世，苏曼殊的内心被深深触动了。苏曼殊的人生遭际与拜伦有着许多相似之处。幼年时期，母亲返回日本后，苏曼殊遭受大家庭的冷遇，使他养成了敏感、脆弱的性格；而拜伦的父母在他很小的时候便离异，拜伦的母亲，一个英国贵族的后代，在遭遇如此的家庭变故之后变得冷漠、暴戾，经常责打年幼的拜伦，养成了拜伦敏感、孤寂、怀疑一切的个性。相似的身世，使曼殊视拜伦为知己。1908 年他前往日本和生母团聚，有感于自己和拜伦去国离乡、一生漂泊的身世，不禁百感交集，"泛舟中禅寺湖，歌拜伦《哀希腊》之篇，歌已哭，哭复歌，抗音与流水相应。舟子惶然，疑其为精神病作也"（《〈潮音〉跋》）。可见他对拜伦的诗作产生共鸣，并从其作品中看到了自己。革命思想、浪漫的气质、为情所困，苏曼殊在拜伦的身上仿佛看见自己的影子，只是他自己也未想到，最后如拜伦一样英年早逝。

拜伦是苏曼殊最崇拜的西方诗人之一。他对拜伦光焰逼人的革命精神十分佩服，赞扬拜伦"以诗人去国之忧，寄之吟咏，谋人家国，功成不居，虽与日月争光可也"（《〈拜伦诗选〉自序》）。他翻译拜伦的《哀希腊》《去国行》等爱国诗篇，期望唤醒国人投身革命，拯救日渐衰微的国运。他还将拜伦与雪莱称为"灵界诗翁"，与屈原、李白、李商隐相提并论，称"拜伦是我师"（《本事诗之三》）。他常常阅读拜伦的诗，国学大师黄侃曾回忆："（苏曼殊）景仰拜伦为人，好诵其诗，余居东夷日，适与同寓舍，暇日辄翻知拜伦诗以消遣。"（《镵秋华室说诗》）。

1908 年，苏曼殊在日本出版了两本书：一本是中英文互译的诗歌集《文学因缘》，另一本就是英诗译作《拜伦诗选》。诗集除《赞大海》

等三首外，还收录有《留别雅典女郎》等多首诗。这本书不但是中国翻译史上第一部外国诗歌翻译专集，还使苏曼殊成为中国第一位系统翻译拜伦诗的作家。

赞大海（节选）

皇涛澜汗，灵海黝冥；

万艘鼓楫，泛若轻萍。

芒芒九围，每有遗虚；

旷哉天沼，匪人攸居。

大器自运，振荡粤夆；

岂伊人力，赫彼神工！

罔象乍见，决舟没人；

狂暑未几，遂为波臣。

掩体无棺，归骨无坟；

丧钟声嘶，逖矣谁闻？

读这些译诗，会发现其中有很多古奥生僻的字，有点艰涩难懂，可见苏曼殊在翻译的时候有力求古雅之嫌。鲁迅先生在回忆《新生》的文章中曾写道："苏曼殊译文古奥得很，也许曾经章太炎先生润色的罢，所以真像古诗，可是流传倒不广。后来收入他自印的绿面金签的《文学因缘》中，现在连这《文学因缘》也少见了。"今人很少读这种形式的译诗，也可以理解了。苏曼殊自己说过："尝谓诗歌之美，在乎气体；然其情思幼眇，抑非十方同感。"苏曼殊在翻译他人作品时，已经注重构建自己的翻译形式，他以诗人的眼光和情感来翻译，也使得这些译诗重获新生。

苏曼殊不仅首先系统地向中国译介拜伦，值得称道的是他还译介了西方其他浪漫主义诗人如雪莱、豪易特、歌德等的诗作，范围之广无人比肩。他翻译的另一位英国浪漫主义诗人雪莱的《冬日》，重现了雪莱描绘的萧瑟荒凉的景象，读之更有唐人遗风，难怪有人说"置之唐人五言中，几莫能辨"。

冬日（苏曼殊译）

孤鸟栖寒枝，悲鸣为其曹。

池水初结冰，冷风何萧萧。

荒林无宿叶，瘠土无卉苗。

万籁尽寥寂，唯闻喧挈皋。

在《燕子龛随笔》的开篇，苏曼殊就说："英人诗句，以雪莱最奇诡而兼流丽。尝译其《含羞草》一篇，峻洁无伦，其诗格盖合中土义山、长吉而熔冶之者。"他对雪莱的诗作进行了高度评价，认为他的诗融合了李商隐和李贺的风格。苏曼殊曾作《题〈师梨（雪莱）集〉》一诗，对没有翻译雪莱的诗集表示深深的遗憾。

题《师梨（雪莱）集》

谁赠雪莱一曲歌？可怜心事正蹉跎。

琅玕欲报从何报？梦里依稀认眼波。

苏曼殊的译诗，拓宽了晚清翻译文学的路子，使读者能在广阔的视野上了解西方诗歌，影响深远。而他本人的诗作，因为受到中国古典文学和外国诗歌的影响，略近晚唐又具有浓厚的近代气息，形成了自己的风格。

画僧

　　画家黄宾虹曾说："曼殊一生，只留下了几十幅画，可惜他早逝，但就凭那几十幅画，其分量也就够抵得过我一辈子的多少幅画！"这样高度的评价是对苏曼殊绘画艺术极大的肯定。苏曼殊没有上过艺术类学校，也未师从任何大师，只是凭着爱好来绘画。他的画作大多淡雅出尘，意境高远，表现出非凡的艺术造诣。

　　柳无忌曾这样评论："他（曼殊）带给中国画一种完全属于他自己的独创性和构思，他的艺术是如此独特、卓越，观赏起来比任何语言所能形容的都要好。曼殊的画，超越了自然和生活的真实，达到一种在近代中国绘画里罕见的空灵的美。"

　　中国画不同于西洋画。西洋油画重客观和形似，讲究写实，虽然印象派或毕加索的画作在形似上有所欠缺，但其浓墨重彩的绘画风格与中国画差别很大。中国画重主观神韵，讲究线条，不重透视与背景，"以形写神"，追求一种"妙在似与不似之间"的感觉。苏曼殊的画作，熔中国传统的山水画与东洋画为一炉，又接近南宋高远飘逸的风格，有着强烈的主观色彩。线条勾勒出来的画面，仿佛超然世外。

无论是绘画技巧和意境，苏曼殊的画都称得上上乘之作。他在章太炎主编的《民报》增刊《天讨》上发表《猎狐图》《岳鄂王游池州翠微亭》《徐中山王泛舟莫愁湖》《陈元孝题崖山石壁图》《太平天国翼王夜啸图》五图，同时期又在《河南》杂志发表《洛阳白马寺图》《潼关图》《天津桥听鹃图》《嵩山雪月图》，在《天义报》发表《女娲像》《孤山图》《秋思图》《江干萧寺图》《清秋弦月图》《登鸡鸣寺观台城后湖》《寄邓绳侯图》等，这些画作，精妙绝伦，使苏曼殊一时成为海内外的绘画大家。特别是发表在《民报》上的画作，借古讽今，很有时代感。其意境雄浑高逸，笔墨雄浑苍茫，观者仿佛置身其中。

他的画构图巧妙，细观韵味无穷。如画作《岳鄂王游池州翠微亭》，孤月高悬，右边一山高耸，上有一亭翼然，左边几株瘦立的松树，岳鄂王骑马立于图画中间。其余瀑布、小径也清晰可见。山岚下方留白很多，仿佛山峰悬于半空。图画上方题岳飞《池州翠微亭》一诗："经年尘土满征衣，特特寻芳上翠微。好水好山看不足，马蹄催趁月明归。"整幅图画，虚实相间，表现出高远的意境。《南社诗话》中有人评其《太平天国翼王夜啸图》："摹写翼王入川时情状，乱山四合中，孤城百尺，状极峭冷，城外泉幕隐隐，起伏山谷间，而不见一人影，唯疏林衰草，望之无际，唯时秋夜沉寥，上有寒月，翼王系马城外枯树上，披发，着战袍，仰首望月，长啸有声，秋风吹发，洒淅欲起，若与啸声相应，令读画者几欲置身其中，与其英雄相慰藉矣。"评价十分到位。此画上题项羽诗"力拔山兮气盖世，时不利兮骓不逝"二句，及李白《蜀道难》二句："蜀道之难难于上青天，使人听此凋朱颜。"以项羽诗赞美翼王之英雄气概，以李白诗写入蜀之难。实际上，入蜀后不久，翼王即被捕就义，此画表现出慷慨激昂的悲壮之气。

因为皈依佛门，苏曼殊的很多画作都有僧人的形象。观其画作，并不像传统的禅画具有深奥的禅机。其僧人形象，或是竹杖芒鞋，浪迹天涯的独行僧，或静坐冥想、与世无争。其《登峰造极图》中，岩石高峻且坚硬如铁，一二株老松生长于岩壁上，一瀑高悬，飞流直下。淡淡几笔勾勒出的一僧立于峰顶，衣袂飘飘，仿若遗世独立，飘然于世，奇幻空灵形成超然飘逸的禅境。

苏曼殊还有一些画作中寂然无人，或枯枝断桥、深山松涧，或疏柳横斜、孤舟纵横，如《清秋弦月图》。清廓寂寥的江边，秋风轻拂过柳枝，一月清幽，孤舟无眠。只有古人的诗句中才能体会的无人之境，苏曼殊用想象和笔创作出来。"杨柳岸，晓风残月"，深远寂寞，意趣高妙。

苏曼殊虽然不修边幅，行为怪诞，但其画作在当时已是精品，颇受推崇，求他作画的人很多。他生性浪漫滑稽，不轻易为人作画。他曾只答应女郎的要求，而且声明每画一幅，必须用女郎的照片来交换。苏曼殊画了一夜，得到一扎美女照片，很是得意。对于男子求画，苏曼殊则一概谢绝，就算特别好的朋友想要得到他的画，也得费一番心机。

时任《太平洋报》总编的叶楚伧是苏曼殊的好友，曾向他索画多次，他始终没有动笔。有一天，叶楚伧告诉苏曼殊，要请他吃空运来的上好牛肉。苏曼殊将信将疑，不知道叶楚伧葫芦里卖的什么药。苏曼殊被叶楚伧带到楼上的美术编辑室，发现那里果然有上好的牛肉，散发出诱人的香味。不仅如此，他喜爱的摩尔登糖、高档雪茄也应有尽有。苏曼殊正高兴着，谁知叶楚伧借口有事，到门外将房门反锁了，大声说："笔纸颜料全在桌子上，你就安心安意在里面作画吧。内容你没忘记吧，是吊我先世汾湖天寥先生午梦堂之图啊。"苏曼殊大呼上当，不过看到这么多好吃的摆在面前，也就不计较了。他一边吃，一边构思，画成了著名的《汾堤吊梦图》。今天我们看到这幅图，月影云中，柳垂堤畔，上书"汾堤吊梦图。为楚伧居士作"。整幅画清幽萧然，凄婉静谧，难怪叶楚伧见到后拍案叫绝，止不住地称赞。

向苏曼殊求画之人，不乏权贵，但他毫不在意，一切皆凭兴致。当时的上海市市长张群为了求得苏曼殊的一幅画，每天购买朱古力糖慰劳他。时间一长，苏曼殊觉察到张群的本意，于是为他画了一张小幅。张群道谢不已。苏曼殊笑着说："先不忙谢，画还没有作完呢。"说罢，用墨笔在画上胡乱添了一笔。张群急忙阻止，但已来不及了，懊悔不已。

有一次，苏曼殊的一位同乡向他求画，他碍于情面，便在纸的东南角画一条小船，在西北角画一个小人。同乡见到后很不高兴，以为他是胡乱作画。只见苏曼殊又不慌不忙地画上一根线，一端系于船头，一端牵在小人手里，成了一幅绝妙的图画。同乡立刻转怒为喜，感激不尽。

对于志同道合的友人，苏曼殊则主动赠画。如送给刘三的《听鹃图》《黄叶楼图》，赠高天梅的《万梅图》，包天笑的《儿童扑满图》，赵声的《饮马荒城图》等，以画作寄予对友人的款款深情。

苏曼殊无聊时"以绘画自遣，绘竟则焚之"，又不常常作画，故传世作品很少。其女弟子何震曾有心收集他的画作，拟将其画稿辑印成册，还请苏曼殊的母亲河合仙写了一篇序言。

　　吾儿少不聪明，兼多疾病，性癖爱画，且好远游。早岁出家，不相见者十余年，弹指吾儿年二十四矣。去夏始得卷单来东省余，适余居乡，缘悭不遇。今夏重来，余白发垂垂老矣。及检其过去帖，见其友刘子所赠诗，有云：

饷君黄酒胡麻饭，

（自注：上人虽不饮，每过我家，必强以一啜云。）

贻我白门秋柳图。

（自注：与上人同客金陵，上人手缋是图，精妙无伦。）

只是有情抛不了，

袈裟赢得泪痕粗。

（自注：不知是何故。）

余询知其为思我及其姊，亦下泪语之曰："吾儿情根未断也。"

今我儿又决心将诣梵土，审求梵学；顾儿根器虽薄弱，余冀其愿力之庄严。为诗一绝，以坚其志。会唐土何震女士，集示吾儿零星诸作，以是因缘，沘笔志之，固无碍于体例也。河合氏于西户部之茅舍。

虽非画评，但述其身世情真意切，难怪苏曼殊读罢泪流满面，可惜后来这本《曼殊画谱》并未出版。苏曼殊的好友、南社诗人蔡哲夫将所藏曼殊绘画22幅辑成《曼殊上人妙墨》，由章太炎题序影印出版，但印数亦不多；另一位南社诗人萧纫秋亦将其珍藏的曼殊画稿24幅，请柳亚子编辑，由中山先生亲笔题笺铜版印行。

有人评苏曼殊的画："有唐人之致，去其纤；有北宋之雄，去其犷；诚为空谷之音也。"柳亚子更誉其为"千秋绝笔"，足见其画誉蜚然。画中之境是其心境的外现，苏曼殊画作中的孤僧，就是他自己的形象。或观于瀑前，或独步小径，寒山孤月，冷寂幽然。一切皆无声，无声之处又何尝不胜于红尘喧嚣呢。

亦僧亦俗的独行者

有位游方僧问苏曼殊眉目之间为何堆砌愁云，苏曼殊叹曰："今虽出家，以情求道，是以忧耳。"以情求道，在欲行禅本就是悖论，苏曼殊却亲身实践这个看似荒谬的理论，陷入巨大的困惑和痛苦的纠缠中。无论是否尘缘未了，苏曼殊都算不了真正意义上的僧人。他三入空门，因耐不住寂寞和红尘诱惑，又悄然离去。从此世间多了一个亦僧亦俗的独行僧，浪迹天涯，四海为家。

小时候看电视剧《西游记》，觉得唐僧迂腐可笑，整日慈悲为怀，不识好歹，长大后再看，才觉得其对于美色、美食、钱财的定力非同常人。学佛之人，要坚持五戒、奉行十善。在遵守佛门戒律上，苏曼殊很明显是不合格的。但如果就此否定苏曼殊的佛学研究，实在草率。苏曼殊对于佛学的贡献，堪称大师。

游学暹罗期间，苏曼殊师从乔悉磨长老学习梵文，并立志著成《梵文典》。在《〈梵文典〉自序》中，苏曼殊详细阐述了著书的经过。

如是我闻：

此梵字者，亘三世而常恒，遍十方以平等。学之书之，定得常住之佛智；观之诵之，必证不坏之法身。诸教之根本，诸字之父母，其在斯乎？夫欧洲通行文字，皆原于拉丁，拉丁原于希腊。由此上溯，实本梵文。他日考古文学，唯有梵文、汉文二种耳，余无足道也。顾汉土梵文作法，久无专书。其现存《龙藏》者，唯唐智广所选《悉昙字记》一卷，然音韵既多龃龉，至于文法，一切未详。此但持咒之资。无以了知文义。

衲早岁出家，即尝有志于此。继游暹罗，逢鞠悉磨长老，长老意思深远，殷殷以梵学相勉。衲拜受长老之旨，于今三年。只以行脚劳劳，机缘未至。嗣见西人撰述《梵文典》条例彰明。与慈恩所述"八转""六释"等法，默相符会。正在究心，适南方人来说，鞠悉磨长老已圆寂矣！尔时，衲唯有望西三拜而已。今敬成鞠悉磨长老之志而作此书。非谓佛刹圆音，尽于斯著，然沟通华、梵当自此始。但愿法界有情，同圆种智。抑今者佛教大开光明之运，已萌于隐约间，十方大德，必有具备迅勇猛大雄无畏相者。词无碍解，当有其人。他日圆音一演，成金色佛遍满娑婆即婆。虽慧根微弱，冀愿力庄严，随诸公后。若夫忘言忘思，筌蹄俱废，奚以是为？然能尔也。

因"顾汉土梵文作法，久无专书"，苏曼殊潜心学习梵文，以达到"非谓佛刹圆音，尽于斯著，然沟通华梵，当自此始。但愿法界有情，同圆种智"的目的，彰显了作为知识分子的使命感和责任感。《梵文典》作为一部梵文字典，在佛学典籍的翻译上有着重要的意义，其出版后也立即引起了学术界和佛学界的轰动。

《梵文典》著成后，苏曼殊对佛学的理解研究，更是日益精进。尤其是与章太炎同住民报社期间，两人切磋佛理，交流禅学，合写了《儆告十方佛弟子启》等佛学理论的文章，对社会上"法门败坏"的佛门现状进行了揭露，指出："不事奢摩静虑，而唯终日安居；不闻说法讲经，而务为人礼忏。嘱累正法，则专计资财。争取缕衣，则横生矛载。驰情于供养，役形于利衰。为人轻贱，亦已宜矣。复有趋逐炎凉，情钟势耀。诡云护法，须赖人王。相彼染心，实为利己。既无益于正教，而适为人鄙夷。"对社会上"我以法与人，人以财与我，是谓贸易"进行了批判。"恐智日永沉，佛光乍灭"，呼吁僧徒学习佛门理论，纯洁自身信仰，以达到"佛日再晖"。文章联署为"广州比丘曼殊""杭州邬波索迦末底"。

1908 年 10 月，苏曼殊应杨仁山居士的邀请到南京祗垣精舍讲授英文、梵文，探讨佛学精义。杨仁山居士于金陵刻经处创办佛学学堂，名曰"祗垣精舍"，是中国最早的僧学堂之一。学堂创设目的是"欲求振兴，唯有开设释氏学堂，始有转机"。《〈潮音〉跋》介绍说："前岁，池州杨仁山居土接印度摩诃菩提会昙磨波罗书，欲遣青年僧侣西来汉土，学瑜伽、禅那二宗，并属选诸山大德，巡礼五天，踵事译述，居士遂偕诗人陈伯严创办祗垣精舍于建业城中，以为根本。函招阇黎，并招李晓暾为教师，居士自任讲经。十方宗仰，极南北之盛。"祗垣精舍于 1908 年冬天开学，杨仁山居士任佛学讲席，其余名士济济一堂，门下僧侣众多，规模宏大，一时盛起。美国学者霍斯姆·维慈曾评价说："僧人跟从在家的教师研读佛经，这在中国有史以来是第一次，不仅在中国，而且在整个亚洲，这件事成为随后一系列事件的先声。"

苏曼殊在祗垣精舍虽旧疾复发，但得到了仁山居士和精舍学员们的精心照顾。苏曼殊很尊敬杨仁山居士，这位居士虽已是八十高龄仍致力于弘扬佛教文化，且自身佛学理论深厚。苏曼殊常常与仁山居士探讨佛经，认为"得闻仁老谈经，欣幸无量"。杨仁山对年纪轻轻但精通梵文、深谙佛理的苏曼殊很是喜爱，对他总是瘦弱不堪，抱恙在床更是增加了一丝怜惜。为解苏曼殊病中烦闷，他坐在病榻前讲经持咒，宽慰其安心养病。

　　一日，杨仁山居士带来一位外国人，并介绍说是柏林大学的教授法兰先生。苏曼殊与法兰讨论起英文与梵文的关系。在《〈文学因缘〉自序》中，苏曼殊就曾说过："衲谓文词简丽相俱者，莫若梵文，汉文次之，欧洲番书，瞠乎后矣！汉译经文，若《输卢迦》，均自然缀合，无失彼此。"梵文与汉文互译，能显言辞之美，而梵文译成英语确有困难。法兰教授提出想购买佛学经典《法苑珠林》，苏曼殊想起书店里被蠹虫侵蚀，残破不堪的版本，心里感到酸楚。社会黑暗，诸事凋零，连一部佛学典籍也不知何处购得，苏曼殊沉默无语，叹息良久。

　　"人生须臾，百愁所集"，尘世的纷扰不断撞击着苏曼殊封闭的内心。然而，"国破山河在"，真的能对满目疮痍的国家和尘世的疾苦视而不见吗？苏曼殊对佛学的理解越深，心中的痛苦就越多。佛学不是避世，恰恰相反，菩提善心是普度众生的济世宏愿，是悲天悯人的博大胸怀。佛经诵读于口，更应深谙于心。苏曼殊当然知道佛门要求六根清净，祛除欲念，但在当时的中国，又如何能做到？我们不知道苏曼殊是否能想到那么多、那么远，但不可否认，他是那样与众不同、特立独行。他热爱中国传统文化，同时又接触了近代西方文化。佛教禅宗思想、传统伦理道德与西方的个性解放、人道主义、无政府主义思想交织一起，在苏曼殊的心中左冲右突。一边是佛教的戒律，一边是浪漫的情怀，加上外界环境的不断刺激，致使他身披袈裟又屡屡犯戒就不难理解了。

苏曼殊的佛禅思想不是体现于刻板的清规，而是在其艺术创造上。他给自己起了诸多蕴含佛教禅宗意味的别名、别号，如印禅、燕子山僧、阿难，就连曼殊二字，都是出自曼殊室利，是文殊菩萨的名字。他的禅画多古刹清月、荒野怪石，清冷空灵且意境高远。他的很多诗，也很有禅理，甚至其小说中的人物也常常与佛门有关，或皈依佛门，或挂褡独行。佛禅安顿了苏曼殊孤独漂泊的身心，但狂放不羁的灵魂又该安放于何处呢？

苏曼殊不是一个宗教信徒，而是一个以佛禅安适心灵的艺术家，一个佛学理论研究者，他"自始至终都不是个名副其实的和尚"。佛禅是苏曼殊艺术作品中的美学形态，是人生哲学的红线。放浪于俗世，他渴望佛门清净；青灯古佛旁，望不尽滚滚红尘。他是俗世的"异类"，更是佛门的"怪胎"。他终究亦僧亦俗，让孤寂的心煎熬徘徊，只好用"以情求道"四个字，麻痹了自己，疑惑了众人。冷眼观望着尘世，却不知多少人正看着他，看他在心灵的修行中渐行渐远。

第九章　生如烟花之一瞬

辛亥革命

化九大州为一国，并十八省为一家，共和升平，亿姓合群沾
幸福；

立三代后未有功，开五千年未有奇，脱离压制，同胞努力挽
强权。

1911年10月10日夜，飒飒秋风中弥漫着浓浓硝烟，一场惊天动
地的革命正蓄势待发。随着新军工程第八营的革命党人打响了第一枪，
武昌起义爆发。紧接着，各地纷纷举行武装起义，宣布独立。革命的
花朵在古老的土地上到处绽放，清王朝如同空架子般在革命的风暴中
迅速解体。1912年2月12日，清王朝被迫发布退位诏书，两千多年
的封建帝制历史终结。从此，民主共和的种子扎根人心，中国社会发
生了历史性的巨变。

此时的苏曼殊正在爪哇的中华学校教授英文。自1909年11月来
到爪哇的这所学校任教，苏曼殊已经很习惯于这里的生活了。东南亚

的海风夹杂着湿热的空气，聚拢起满天乌云，顷刻间就会下起瓢泼大雨。苏曼殊漫步在岛上，沉浸于南洋美丽的自然风光和奇特的风土人情。他忽然又想去印度朝圣，想亲眼见一见情爱尊天伽摩神像，然而"咯血之疾复发，羁旅六月，已费去七百余金，故未能赴印"。苏曼殊打消了旅行的计划，只好在爪哇岛附近走走。每当目睹了当地华人的遭遇，他的心愈感悲凉。爪哇属于印度尼西亚，而印度尼西亚本是荷兰侵略者的殖民地，华侨更是殖民者倾轧的对象。荷兰殖民者曾在印度尼西亚杀害华侨数万人，血流成河，昏庸的清廷没有采取任何外交政策，反而说他们是"孽由自取"。祖国啊，你的强大才是海外游子坚强的后盾啊，苏曼殊在心里呼喊着。

1911年暑假，苏曼殊乘船万里迢迢回到广州。每次到广州，他总会来拜访老朋友蔡哲夫。蔡哲夫望着眼前这个美髯公，竟呆住了，半天没认出是谁。苏曼殊只好自报家门，蔡哲夫才认出是苏曼殊，两人开怀大笑。苏曼殊在广州短暂停留后，又乘车到上海。想到自己这副尊容，恐怕也无人认出，苏曼殊到理发店剃去胡须，又一翩翩少年也。朋友们都很忙，苏曼殊也不便打扰，走在熟悉又陌生的上海街头，苏曼殊感到怅然若失。他想起国学保存会藏书楼的马小进，便去找他。马小进看到苏曼殊又惊又喜，两人叙了叙旧，去照相馆照了一张相片。八月，苏曼殊重回爪哇，继续在中华学校教授中文、英文。国内的革命高潮正在掀起，苏曼殊内心充满了矛盾。朋友们都投身在革命的洪流中激情满怀，自己也想回到祖国去，可眼下这些华侨孩子的教育怎么办呢？虽然当地华侨人口已达到八十余万，但大多自生自灭，很多华侨的后裔竟不知祖国在何处。苏曼殊感慨良久，更加呕心沥血讲学，尽心尽力教育这些孩子。

当武昌起义成功的消息传遍世界各地，苏曼殊按捺不住心中的激动，写信给柳亚子，"迩者振大汉之天声，想两公都在剑影光中，抵掌而谈，不慧远适异国，唯有神驰左右耳"，又说"壮士确刀看草檄，美人挟瑟请题诗。遥知亚子此时乐也"，甚至期待"今拟十二月遗遄归故国，邓尉山容我力行正照"，与南社诸公"痛饮十日，然后向千山万山之外听风望月，亦足以稍慰飘零"。邓尉山位于苏州吴中区光福镇西南部，因东汉太尉邓禹曾隐居于此而得名，前瞰太湖，有梅树成林，素称"香雪海"，风景秀美，故邓尉山成为苏曼殊的苏州"代名词"。

此时的苏曼殊真的归心似箭了。尽管他也舍不得这些孩子，但他知道现在正是为国家奉献力量的时候。正在苏曼殊热血沸腾恨不得立刻回国的时候，一个现实的问题摆在他面前，他没有钱。每月的薪酬仅够生活，生性浪漫的苏曼殊也从不在意这些。为筹措归国的旅费，他典当了朋友们为他置办的燕尾服，卖掉了书籍。钱还是远远不够，苏曼殊只好安下心来，暂留在爪哇。爪哇学校的教员们也有不少革命志士，苏曼殊在这里与他们结下了深厚的友谊。朋友们的生活也不宽裕，但也常常倾囊相助，苏曼殊怎么好意思再叨扰呢？归心似箭的苏曼殊感到度日如年，他一边思念着祖国和在革命风暴中一往无前的友人们，一边还要想办法筹集路费。又过了一段时间，薪酬发下来，加上一位商人看中了苏曼殊的一幅画，付了一大笔钱。苏曼殊本不在意金钱，也从不卖字画，但为了回国路费，苏曼殊还是答应了。凑足了归国的旅费，苏曼殊告别了爪哇的好友和学生，踏上了归国的旅途。

1912年2月，苏曼殊到达香港，与从兄苏维翰见面。在本家兄弟中，苏维翰也是同盟会的革命者，与苏曼殊一直有联系。苏维翰见弟弟生活困苦，送给他五百元钱，要他好好保重身体。苏曼殊很感动，两人一起到照相馆拍照留念。

3月份，苏曼殊到达上海。此时的苏曼殊已经是名声在外的大家，受到很多人特别是青年读者的追捧。《太平洋报》立即聘请他为报社主笔，苏曼殊欣然答应。他常常想起在爪哇目睹荷兰殖民者欺侮、压迫爪哇华人的情形，心中无比愤慨，于是撰写《南洋话》一文刊于报上，予以揭露，呼吁刚成立的中华民国政府通过外交途径，切实维护当地华人的权益。

> 衲南巡爪哇二次，目击吾邦父老苦荷人苛法久。爪哇者，即《佛国记》所云耶婆提是。法显纡道经此时，黄人足迹尚未至也。唐、宋以后，我先人以一往无前之概，航海而南，餐风宿雨，辟有蛮荒。迨万历时，华人往前通商者始众，出入俱用元通钱，利息甚厚。乃至今日，华侨人数，即爪哇一岛而论，即达三十余万，蔚为大国矣。谁知荷人蚕食南洋三百年来，以怨报德，利我华人不识不知，施以重重压制。红河之役，复糜吾先人血肉殆尽。今虽子孙不肖，犹未付之淡忘。乃开春中华民国甫成，而荷人又以淫威戮我华胄，辱我国旗。呜呼，荷兰者，真吾国人九世之仇也！今者当道群公，已与荷政府办严重交涉，固吾新国堕地啼声，应该一试。唯衲更有愿望于群公者，即非废却一切苛法则弗体也。后此当重订商约，遣舰游弋，护卫商民；分派学人，强迫教育，使卖菜佣俱有六朝烟水气，则人谁其侮我者！
>
> 爪哇野老尝为衲言："昔千余年前，华人缔造末里洞石佛山，工竣，临行，土人依依弗忍遽别，问我华人：'何时复返？'我华人答之曰：'后此当有白奴儿来此，替我经营，我返当以铁为路识之。'"今铁道刚筑至该地，宁非华侨业尽福生之朕耶！

《南洋话》的见报，让更多人了解了南洋华侨的遭遇，也让国人认识到"革命尚未成功"的道理。此后苏曼殊又发表了《冯春航谈》等杂文。

1912年，苏曼殊加入南社。一日，苏曼殊正与南社诗友在茶楼雅聚，一位儒雅之士面带微笑走了进来。柳亚子立刻迎上前，向大家介绍说："这位是李叔同先生。"众人全都站起来欢迎。柳亚子当即邀请李叔同担任《太平洋报》副刊主编，李叔同也乐于从命。柳亚子又向李叔同介绍了苏曼殊。

李叔同笑着说："久闻大名，那篇《断鸿零雁记》都快把我迷住了。"

苏曼殊受宠若惊，忙问李叔同在何处看到的。

李叔同笑着说："在南洋的一家报纸。"

苏曼殊不好意思地说："可惜当时身体抱恙，没有完稿。"

李叔同鼓励苏曼殊将小说续写完，在《太平洋报》连载，再出单行本。苏曼殊肯定地点点头。这是苏曼殊第一次见到李叔同。短暂的交谈后，两人都有些相见恨晚之感，不惯表露情感的两个人虽不明言，但彼此都心照不宣。今天我们再来看这两位民国时期著名的和尚，才发现他们竟有如此多的相似之处，像是冥冥注定一样。两人都是声名远播的诗僧、画僧，才华横溢；都曾在日本留学，精通数国语言；一个母亲是日本人，一个夫人是日本人。他们在红尘风流倜傥、浪漫风流，终都在佛门找到精神归宿。

《断鸿零雁记》很快在《太平洋报》副刊连载了。上海的青年们奔走相告，争相阅读，报纸一时销量大增。只可惜小说还未连载完，《太平洋报》就停刊了。

随着袁世凯就任中华民国临时大总统，辛亥革命的成果已随风飘散。除了遗憾，苏曼殊感到无趣至极。满满的激情渐渐失去，许多憧憬变成泡影，那么多革命友人的牺牲是为了什么呢？他感到迷茫极了。

东渡省母

母亲在，人生尚有来处。小时候，无论在外受了多大的委屈，母亲的双手总能抚去脸上的泪水。苏曼殊的童年，没有感受到太多母爱的温暖，但母亲是心底最柔软、最温馨的名词。心里难受、孤独徘徊的时候，他还是想回到母亲身边，在母亲宽慰的话语里，让疲惫的心停歇下来。

他又一次东渡日本探望母亲河合仙。尽管山高水远，但母亲在的地方，就是宁静的港湾。河合仙也老了，不过身体还硬朗。晚年有人陪伴自己，儿子也成长得这样优秀，河合仙感到无比欣慰。只是儿子时常身体不适，让她时时感到忧心。

四月正是樱花烂漫的时节。苏曼殊陪着河合仙走在樱花林的小径上，娇嫩的花瓣落在肩上，飘零在绵绵春雨中。河合仙笑着回忆起很多年前牵着苏曼殊的小手走在樱花树下，"走着走着，你就喊累，我把你背起来，你竟然就在我的背上睡着了，真是可爱啊。哎，一转眼，你都这么大了，比我高许多了"。人老了，总是容易活在回忆里。苏曼殊静静地听着，眼角湿润了。"十日樱花作意开，绕花岂惜日千回。昨来风雨偏相厄，谁向人天诉此哀？"他想起了像樱花一样凋零的静子，樱花树下流泪的百助枫子，那些随风而逝的爱情原来一直隐藏在内心深处。失落时陪在自己身边的朋友们，此刻都在革命中意气风发，指点江山。敬重的庄湘老师和美丽的雪鸿都很好。母亲慢慢老了，现在也终于得到了幸福。此刻樱花下的笑容，苏曼殊真想定格下来，永远珍藏在心里。也许只有自己将不久于人世了吧，一种旷世孤独萦绕在心头。

在日本逗留了一个月，苏曼殊又回到了上海。《太平洋报》的主编叶楚伧问苏曼殊近期的创作计划。苏曼殊谈到了小仲马的《茶花女》，国内最通行的版本是林纾翻译的《茶花女逸事》，但仔细一看实在是"支离割裂，舛谬綦夥"，删减太多了。苏曼殊读过原文，认为有必要重新翻译一下，将原本呈现给国内的读者们。叶楚伧大力赞同。只是这项工作还未开始实施，因为其他事情的耽搁未能实现，不得不说，无论对于苏曼殊还是翻译界都是一件憾事。

不久，从兄苏维春从青岛来上海，得知苏曼殊在上海特意来探望。苏曼殊很高兴，尽管在与从兄的交谈中得知苏家人对他仍颇有微词，但兄弟间的感情还是很好的。苏维春看出苏曼殊身体不太好，嘱咐他注意身体，一切事情都来日方长。在上海住了几日，苏维春就离开了。

六月，天气渐渐热了。苏曼殊许久没见刘三，心里很是想念。想到刘三就在上海的华泾乡，便准备去他家住几日。出门的时候，正遇上马小进，便邀他一道前往。刘三、陆灵素夫妇居住在华泾乡黄叶楼，夫妇俩对苏曼殊的突然到访惊讶不已。久别重逢，分外亲热。陆灵素连忙张罗晚饭，都是苏曼殊喜欢的饭菜，虽然几年没见了，陆灵素对苏曼殊的喜好还是了如指掌。

吃过晚饭，奔波的疲惫在晚风中一消而散。苏曼殊望着楼外的暮色，房间里柔和的灯光照着老友微笑的脸庞，心中感到很温暖。他对刘三说："季平，今日在你这里，前几日的烦闷都一扫而空了。我想为你作幅画，表我此刻心意，有纸墨吗？"此时的苏曼殊已是名声斐然的画僧，不轻易下笔作画，更别说主动赠画了。只有对待亲如家人的好友，他才会献上真心。刘三赶紧奉上上好的宣纸和笔墨。苏曼殊拿起笔，略略思考了一会。没多久，一幅精美的《黄叶楼图》已在宣纸上铺展开来。

小住几日后，苏曼殊告别刘三返回上海。他感到身体越发不如从前了，病中之人容易胡思乱想，他决定再次东渡日本探望母亲。前几日，刘三就看出他身体虚弱，嘱咐他保重身体。知道他要东渡日本，刘三又是千叮万嘱。为了让好友放心，苏曼殊在舟中给刘三写了一封信：

> 小进初七南归，弟昨日起行东渡，聊作孤屿习静之计……发自长崎舟中。

不到两月苏曼殊再次回到日本与母亲团聚。河合仙感到很高兴，她盼望苏曼殊在自己身边能多待些日子。但他似乎总是很忙，常常挑灯夜读到深夜，或者蹙眉凝思，不发一言，而她只能在生活上给予更好的照顾。

几个月后，苏曼殊离开日本，到达上海。《太平洋报》被查封了，报社的朋友们又四散各地，苏曼殊只好暂住在一家客栈。他本打算到中国香港、新加坡去，无奈又病了，计划只好搁浅。百无聊赖中，苏曼殊收到了陈独秀的信，邀请他到安庆当教员。这封信真如雪中送炭，他也好久没有见到陈独秀了，于是立刻收拾行李前往。

辛亥革命后，陈独秀应邀回乡任安徽都督府秘书长，他便利用安徽大学堂旧址创办了一所高等学校。办教育需要人才，陈独秀马上想到了苏曼殊，立刻下聘书请苏曼殊来安庆任教，此次一同受聘的还有郑桐荪、沈燕谋。

苏曼殊一来安庆，感到无比亲切。学校的同事都是熟悉的朋友，何况还有陈独秀在身边，更使他感到踏实。苏曼殊给柳亚子写信，把现在的生活情形告诉他：

> 亚兄足下：别后两月，想起居清豫耳。瑛初五晨间始抵安庆，暂住高等学校，桐荪兄亦同寓所；风雨对床，足慰行旅之苦。吾兄能来皖江一游否？小进两笺，亦已作覆。岁内恐不能如愿南归，如何如何？匆匆此叩双安。

> 初九晨

> 瑛拜白

岁暮放寒假，苏曼殊无处可去。郑桐荪邀请苏曼殊到自己的家乡盛泽游玩，苏曼殊愉快地答应了。郑桐荪是柳亚子夫人郑佩宜的哥哥，也是苏曼殊的好友。在安庆的时候，两人常常一起高谈阔论。郑桐荪深知苏曼殊的为人，曾在一篇回忆文章里写道："曼殊在安庆时与我甚投契……他见了生人是一句话不说的，却是与至好促膝闲谈，则又上下古今，滔滔不绝，谈兴甚好。他到安庆后，人家仰慕他名望的非常之多，天天有人想要来看他，他总是设法避去，以为讨厌。我们在安庆，每天上'小蓬莱'，乱谈古今，觉得生平快乐，莫过于此。而一念及故人黄土，则又不觉悲从中来，不能自慰。他少年时本是极热心，中年后悲观极深……曼殊诗多绝诗，风韵极佳，有神无物，而味极隽永，愈读愈见其佳。他的画亦丰神绝世，惜不多。他亦不肯画，视征画为一苦事。我们同离安庆那一天，易白沙强嬲其作画，彼曾画了小幅四五张，落笔极迅速，数十分钟即毕一幅……"

　　去盛泽前，苏曼殊给柳亚子写了一封信，就与郑桐荪、沈燕谋一起出发了。盛泽地处春秋战国时期吴越两国交界处，风光秀美。江南的冬日银装素裹，密布的河道纵横交错，河水缓缓地流淌，干枯的芦苇在风中哗哗地响。乘船的时候，因为逆风难行，苏曼殊要去拉纤，不小心掉进冰冷的河水里。众人惊慌失措，赶紧下河救人。一直到郑桐荪的家，苏曼殊才渐渐缓过来，把赶来同聚的柳亚子吓了一跳。在盛泽小住几日，苏曼殊与沈燕谋同回上海，经过苏州时，路上见到一个骑驴的人。苏曼殊觉得很有趣，也想骑驴。谁知刚刚骑上驴背就跌下来，沈燕谋赶紧将他扶起来。苏曼殊在给柳亚子的信中还提到此事，柳亚子开玩笑说："拉纤下水，骑驴坠地。倒是一幅绝妙的对联呢。"不管怎样，盛泽之行对于萍踪浪影的苏曼殊真是终生难忘了。

讨袁宣言

旧历年的除夕很快就过去了，苏曼殊四海为家，自然没有回家过年的习惯。正月里，好友张传琨来约他一起游杭州。苏曼殊和张传琨在西湖图书馆住了一段日子，又返回上海。安徽高等学校开学时，苏曼殊回到安庆继续任教。

革命还是如火如荼地进行着，袁世凯的野心越来越大，革命者们不敢有一丝松懈。苏曼殊在这座江城里混混沌沌地过着日子，不求官职，不想参政，现在连最实际的教育工作也觉得无趣。他给柳亚子写信，讲述心中的苦闷。

> 亚兄足下：乍合仍离，可胜惆怅。抵皖百无聊赖，无书可读，无花可观，日与桐兄聚谈斗室之中，或至小蓬莱吃烧卖三四只，然总不如小花园之"饭宝八"也。吾兄比来游兴何似？桐兄决月杪归沪，瑛亦同去，彼时或能再图良会也。浪游潦倒，无有是处，迹子心情，亦当怜我。六月返西京红叶寺，吾兄可肯一尘游屐

否？兄如先在沪渎，乞为我善护群花。诚惶诚恐。

念一日

瑛顿首顿首

没多久，他又回到了上海，住进了第一行台，与老友们相聚一起。

1913 年 3 月 20 日，奉袁世凯电召北上的宋教仁在上海北站检票口突遭枪击，22 日凌晨不治身亡。消息传遍各地，举国为之震惊。柳亚子、陈去病、叶楚伧、沈燕谋等人聚集到苏曼殊居住的第一行台，每个人的脸色都阴阴的，空气中凝结着沉默和悲愤。

"这一定是袁世凯干的，"柳亚子气愤地说，"宋教仁为了国会选举中国民党能争取多数席位，在安徽、上海、浙江、江苏等地到处演说。2 月份国会选举接近尾声，国民党取得重大胜利，袁世凯岂能容他。"

叶楚伧说："可恨的是这个老袁现在还贼喊捉贼，下令彻查捉拿主犯。这一追查，一定会查到他自己头上。"

苏曼殊默默地听着，他不关心政治，只想到宋教仁是多好的人啊。他见过他很多次了，总是微微笑着，有魄力又随和。他真的无法想象他倒在血泊里的情形，红色的鲜血四处流淌，痛苦悲伤的呼喊声响彻耳畔。革命中流血牺牲实在太多了，那么多的朋友，仿佛昨天还在跟自己高谈阔论，转眼就消失在人世间。走着走着就散了，走着走着越来越孤单。苏曼殊对袁世凯痛恨至极，他对革命又产生了悲观的情绪，不知道前路何方。

他又回到安庆，也许江风能吹走一些忧伤，迎江寺的钟声能平静躁动的心。一日，他与郑桐荪、沈燕谋谈起今后的打算。苏曼殊说："我想做些实际的工作，其实我早就想编译《汉英词典》和《英汉词典》了，无奈工程量浩大，加上身体不适，所以一直没有开始。"

郑桐荪看了沈燕谋一眼，惊讶地说："我们早就有这个想法了，真是心有灵犀啊。眼下局势变化，我等还是完成这个工程更实际些。"

三人一拍即合，当下安排好课程，前往郑桐荪的家乡盛泽。春天的盛泽风景秀逸，如诗如画。在郑桐荪的寓所，他们译、增、删、纂各有分工，专心修编，编译工作有序顺利地进行着。品尝着盛泽美味的麦芽塌饼、麦芽糖，苏曼殊却感到内心苦涩，报纸上宋教仁被杀的照片时时在脑海中浮现。他写下一篇《与某公书》，寄给上海的好友们，聊表此时心境。

曼殊再拜敬复某公阁下：

去岁自南东渡，劳公远送于野。今得广州书，复承远颁水晶糖、女儿香各两盒，以公拳挚之情，尤令山僧感怀欲泣。别后悠悠行脚，临水登山，每欲奉寄数行，聊证心量。而握管悲从中来。嗟夫！三复来示，知公固深于忧患矣！庄生云："水中有火，乃焚大槐"，今之谓也。

故交多速祸南归，顾终于无缘一返乡关。四月三十日从安徽过沪，风雨兼天。欲造访令亲，探问起居，亦不可得。与公晤会之期，尚难预定，凄恻其何能已耶！

区子固非离经叛道之人，然此时男子多变为妇人，祸只好三缄其口。昔人云："修其天爵，而人爵随之"，见时还望以此言勖之。

祸重五前三日借燕君行抵舜湖，风景秀逸。一俟译事毕业，又重赴迎江寺，应拂尘法师之招。东行须游泰山之后始定。令弟何时渡英？如行期已决，祸有介绍书三通付之。燕君亦于秋间往合众国惠斯康新大学重攻旧业，可时相通问。未生养疴日本。图书馆事无从而知。闻文澜阁藏书已尽移于图书馆。广雅藏书无恙，但未闻有图书馆之设。使粤人多读圣贤之书，吾公亦有意于此乎？某公盛意，神唯感篆于心，丁此四维不张之世，尤得道义之交如两公者，此生慰矣！夫复何求？

五月十八日

《汉英词典》和《英汉词典》的编译已基本完成了，三人将书稿卖给了一位叫刘成禺的人，带着卖书的钱回到了上海。宋教仁案让革命者们认清了袁世凯的野心，各地纷纷举兵讨袁。大江南北的消息在苏曼殊的心中不停发酵，他终于按捺不住愤怒，写下一篇震撼大江南北的稿子，题目是《释曼殊代十方法侣宣言》。

> 呜呼！衲等临瞻故园，可胜怆恻！
>
> 自民国创造，独夫袁氏作孽作恶，迄今一年。擅屠操刀，杀人如草；幽蓟冤鬼，无帝可诉。诸生平等，杀人者抵；人讨未申，天殛不遄。况辱国失地，蒙边夷亡；四维不张，奸回充斥。上穷碧落，下极黄泉；新造共和，固不知今真安在耶？独夫祸心愈固，天道愈晦；雷霆之威，震震斯发。普国以内，同胞伐罪之师。衲等虽托身世外，然宗国兴亡，岂无责耶？今直告尔：甘为元凶，不恤兵连祸亟，涂炭生灵；即衲等虽以言善习静为怀，亦将起而褫尔之魂！尔谛听之！

《释曼殊代十方法侣宣言》发表在上海《民立报》上，激愤慷慨之言可谓"惊天地泣鬼神"，人们仿佛看到一个"和尚司令"正义无反顾扛起讨袁斗争的大旗。

　　讨伐袁世凯的"二月革命"失败了，各省的讨袁军也落到了北洋军阀手里。孙中山、黄兴被迫逃亡海外，革命志士们有的流血牺牲，有的隐遁不出，革命陷入低潮。不得不说，革命经验不足，革命力量薄弱导致了革命的挫折。任何新生的事物，总是需要冲破千难万险才能在不断失败中摸索出前进的道路，但这样的过程充满了艰辛、徘徊和茫然不知所措。因为坚决的讨袁态度，激烈的反袁言辞，苏曼殊被袁世凯密令通缉，后因查无实据不了了之。

　　江南的梅雨淅淅沥沥，打湿了窗外的一切。天阴沉沉的，乌云像一块厚重的棉絮压在天空。到处都是潮湿灰暗的，回潮的地面像蒙上了一层釉，久卧床衾的苏曼殊感到全身都要发霉了。他的心情也是湿漉漉的。革命的热忱再次被打压，友人们四散各地，精神上无所寄托。他不知道前路何方，只感到失望、孤独、苦闷，心里空荡荡的，像被抽走了什么似的。他又病了。严重的肠疾加上脑病，让他痛苦不堪，身体的病痛和精神的忧郁一齐折磨着他。他又开始出入秦楼楚馆，吃花酒、叫局子，在花红柳绿中一掷千金。他终究不是豪门权贵，一点稿费很快就挥霍一空，只好终日饮冷水充饥了。

　　他的身体状况越来越差，医生嘱咐他去日本调养。冬天快到了，苏曼殊在第一行台愈加烦闷，肠疾稍稍好一些的时候，他出门当掉一些衣物，朋友们又送来些路费，他终于启程了。

　　日本的冬天，天气阴冷。十二月的西京，更是冰天雪地，山风夹杂着雪花飞舞在空中，日暮的清冷笼罩着遥远的苍山，一片苍茫寂寥。苏曼殊找了家旅馆住下，一夜无眠，他又病了。旅馆主人赶紧请医送药，照顾周到。躺在床上，听着外面的风声，他给几位好友写信。每封信几乎都有"病复大作""病复发"的字眼，孤独漂泊，他总是渴望得到朋友们的关心，哪怕捎来只字片语。

肠疾稍稍好些，他又启程去大森，不料得了疟疾。身体忽冷忽热，全身发抖，医生只好给他用了西药。苏曼殊从来不惯于拘泥于一处，躺在病床上，他就惦记着大森的梅花，在这大雪纷飞的天气一定更加美丽吧。"'已知无奈姮娥冷，瘦损梅花更断肠'，亚子宁谓山僧此时情绪不如放翁乎？"他自认为忧国忧民的情绪恰如当时的陆放翁。

　　整个冬天苏曼殊都在病中。百无聊赖，他只好不停地给朋友们写信，把病中的寂寞无奈，人生的孤独都一一倾诉。"庸僧元状，病骨支离，学道无成，思之欲泣。"病床上的苏曼殊整日胡思乱想，时而悲观时而感慨。"今日为除夕，然异域飘寄，凡俱废矣"，这样的苦闷让人感到无比心酸。

　　如果冬天来了，春天还会远吗？他又轻声吟诵起雪莱的诗，在寒风中沉思起来。

乱世流离

苏曼殊终于熬过了这个漫长的冬天。

风渐渐暖了，万物开始在春天复苏。绵绵春雨中，似乎能听见花开的声音。小草钻出了酥软的泥土，柳枝上冒出了米粒大的绿意。一日，苏曼殊正准备起床去庭院走走，不料竟有人走进屋来，定眼一看，正是邵元冲和田桐。苏曼殊高兴得差点跳起来。他已经好久没有见到朋友们了。邵元冲责怪苏曼殊居无定所，他们得知苏曼殊来日本，已经找了他很久了。

庭院的梅花还未落，散发出清幽的香气。苏曼殊的心情好极了，忍不住写下一首诗赠给田桐：

> 狂歌走马遍天涯，斗酒黄鸡处士家。
>
> 逢君别有伤心在，且看寒梅未落花。

与朋友在一起的苏曼殊真是感到太愉快了，身体好些的时候，就与大家一起畅游、聚会，谈论当今的革命形势。

二次革命失败后，孙中山流亡日本。他从二次革命的失败中深切感到，国民党内部思想混乱，组织严重不纯，"非袁氏兵力之强，乃同党人心涣散"，已不能领导革命继续前进。于是，他决心从整顿党务入手，重组新党，拯救革命。1914年7月，中华革命党成立。邵元冲、居觉生、田桐等在孙中山的支持下筹办《民国》杂志，作为新党机关刊物，请苏曼殊写点东西。苏曼殊立刻答应了，为革命杂志撰文是他很乐意为之的。他将《燕子龛随笔》重新增删了一番，来到《民国》杂志社。苏曼殊行踪不定，人生似乎永远在路上。他将随身携带的皮箱取名"燕子龛"，"燕子龛者，曼殊所以自明其漂泊无定之住处也"。《燕子龛随笔》共六十二则，每段皆有感而发、短小精悍。或创作有感，或读书杂谈，或异域风情，或生活拾趣……有的寥寥数语，有的长有百字，读来生动有趣。

有讽刺时事的，如：

明末有《童谣》曰："职方贱如狗，都督满街走。"不图今日沪上所见，亦复如是。

有评诗论文的：

山寺中北风甚烈，读《放翁集》，泪痕满纸，令人心恻。最爱其"衣上征尘杂酒痕，远游无处不消魂。此身合是诗人未？细雨骑驴入剑门"一绝。尝作《剑门图》悬壁间，翌日被香客窃去。

有知识整理的：

日本称人曰"某样"，犹"某君"也。此音本西藏语，日人不知也。

1914 年 4 月，《民国》杂志发表了署名"三郎"的《燕子龛随笔》，不久又发表了署名"三郎"的小说《天涯红泪记》。可惜这部小说只发表了两章，苏曼殊就再没有续写，成了一部未完成的作品。

流亡日本的革命者们经济窘迫，苏曼殊不忍心继续在革命队伍里吃喝，便去往东京，寄食于城外小庙。尽管条件艰苦，苏曼殊却毫不在意，他正专心于小说《绛纱记》的创作。7 月《绛纱记》发表于《甲寅》杂志，苏曼殊又挑起夜灯，拖着病体创作了《焚剑记》。此时的苏曼殊，身体已不能自持了。时而暴饮暴食，时而饥肠辘辘，常常写作熬夜，加上本就营养不良，他又病倒了。苏曼殊当掉了衣物，住进了医院。身体稍好些后，苏曼殊准备回国了。

1915 年 12 月 12 日，袁世凯称帝，推行君主立宪制，帝号"洪宪"，建立中华帝国。袁世凯倒行逆施的行为立刻受到全国人民的反对，12 月 25 日，唐继尧、蔡锷、李烈钧等向全国发出通电，宣布云南独立，反对帝制，武力讨袁。1916 年初，贵州、广西、广东、浙江宣布独立，孙中山任命居正为中华革命军东北军总司令，率部与北洋军鏖战胶东、三打济南。苏曼殊得知消息后，直接赶到青岛看望老友居正。可惜他的身体状况实在糟糕，无法为讨伐运动做些什么事情，整日在军营无所事事的苏曼殊只好到青岛的崂山游玩。数日后，他不便打扰，回到了上海。6 月 6 日，在全国人民的一片讨伐声中，袁世凯一命呜呼。7 月，护国运动结束，国内又陷入军阀割据混战的动乱中。

时局混乱，南北割据，革命渺渺不知前路。10 月，苏曼殊到杭州，静对湖光山色，也许能稍慰内心的愁苦。11 月的杭州异常寒冷，淡雾笼罩下的迷蒙山色秀丽温婉，但寒风刺骨，苏曼殊只好止步旅馆，专心写作。他在给刘半农的信中写道：

> 近日病少除，书《人鬼记》已得千余字……比来湖上欲雪，气候较沪上倍寒，舍闭门吸吕宋烟之外，无他情趣之事。若在开春，则绿波红槛间，颇有窥帘之盛。日来本拟过沪一行，畏寒而止。
>
> 《拜轮记》得细读一通，知吾公亦多情人也。不慧比来胸膈时时作痛，神经纷乱，只好垂纶湖畔；甚望吾公能早来也。朗生兄时相聚首否？彼亦缠绵悱恻之人，见时乞为不慧道念。雪加尚足一月之用，故仍无过沪之期。暇时寄我数言，以慰岑寂。近见杭人《未央瓦》句云："犹是阿房三月泥，烧作未央千片瓦"，奇矣。有新制望寄一二。

天气稍晴，初冬的暖阳懒懒地，将几缕光线投进窗帘的缝隙间。苏曼殊走出旅馆，向白云庵走去。风轻轻吹过，庵内一片沉寂。他沿着河渠慢慢走，不觉走到一座石墓旁。墓里，葬着一位英年早逝的革命者——任鸿年。任鸿年是一位辛亥志士，早年投身革命。1913 年春，他赴天津会晤革命党人，分析形势，后到杭州与雷铁崖相叙。吴玉章此时奔走京沪间，联络党人，策动反袁。闻讯后，也至杭州。三人一起纵论局势，尤其谈到革命党人对袁氏当国看法不一，分歧很深，任鸿年悲愤不已。痛感时局险恶，他决心以死唤醒国民，更希望革命党人消除分歧，一致反袁。6 月 30 日，任鸿年留下绝命书，在杭州烟霞洞投井殉国，年仅二十四岁。"呜呼，天之生我，逢此不辰。上不足方屈子沉江，下不足比鲁连蹈海，余死时年二十四，少于前者，躬遇祸乱之将更长久，此则天地之不仁也。"这样的慷慨激越之词，读来让人热血沸腾，悲愤满怀。斜阳的余晖在天边渐渐消失，几只寒鸦静静栖于枝头，一片荒凉肃穆。苏曼殊伫立良久，叹了口气，轻轻地说："袁贼已死，你也可以安息了。"枝头的乌鸦发出凄厉的叫声，飞向无尽的苍穹。

在杭州期间，苏曼殊还登门去拜访了马一孚居士。马一孚学识渊博，无书不读，苏曼殊非常佩服，两次拜见，谈论娓娓，甚至忘记了吃饭。

夜深人静的时候，苏曼殊坐在窗前，望着天边的月亮。月光下，湖水仿佛沉睡了一般，山勾勒出柔和的曲线，湖畔的柳枝轻轻摇曳。他点燃一支雪茄，深吸一口，又陷入沉思中。一部《碎簪记》在脑中已渐成雏形。又是好几个不眠夜，《碎簪记》终于完成。

年关将近的时候，苏曼殊又从杭州返回上海过年。年后不久，自感身体不适，老友相继北上，他决定东渡日本，探望母亲。船经长崎，他给柳亚子写了一封信。

　　亚子足下：湖上接手教，以乱世流离，未能裁答，想亚子必有以谅我也。今东行省亲，未知何日与亚子相见，思之怅然。去岁走访桐兄，其同寓谓桐兄归乡，亦不得一晤。昨夕舟经长崎，今晨又晴又雪；计明日过马关，后日达神户，由神户改乘火车，十四日可到东京。家居数日，即侍家母往游箱根。留东约月余即西返，彼时亚子能来沪一握手否？与亚子别十余年，回忆前尘，恍如隔世。闻无忌公子竿头日进，幸甚幸甚。去冬独秀约游邓尉，溥泉亦有此意，衲本意要亚子同行；今独秀溥泉先后北上，和尚复有在陈之叹，故未如愿，惜哉！

　　在这期间，苏曼殊陪伴河合仙游了一次箱根，他知道母亲早就盼望着能与他一起去。走了很长一段路后，苏曼殊陪母亲在一个长椅上坐下。箱根翠峰环拱，溪流潺潺，风景秀丽。望着眼前的美景，身边的母亲，苏曼殊感到恍惚，他好想时光就此停留住，停留在此刻简单的幸福里。河合仙紧紧拉着苏曼殊的手，这么多年，像所有出门在外的孩子一样，他从来报喜不报忧，总是沉默寡言，似乎没有人能走进他的内心。河合仙还并不知道，苏曼殊早就顽疾缠身。每次陪伴，他都在心里对母亲道声珍重。只要母亲安好，就够了。

　　或许苏曼殊自己也未从想到，这是他最后一次到日本，最后一次探望母亲。

魂兮归去

从日本回到上海后，苏曼殊的身体更加虚弱。到了冬天，他病情加重，被送到了海宁医院。

躺在病床上，听从医生的摆布，苏曼殊感到烦闷。他曾说："我生性不能安分，久处一地，甚是沉闷。"但此时，他却无法像从前一样，厌倦了就选择逃离，疲惫了就停下歇息，只能躺在这里，身上没有一点力气。

时常有朋友来看望他。清醒的时候，他与他们简单地交谈几句，很快就虚弱得说不出话来了。他还在关心时局，关心着其他人。他总是问及某些朋友的近况，不知道他们为何不来看他。直到友人告诉他，张勋复辟闹剧后，孙中山在广州组织护法运动，邵元冲、萧纫秋都追随到广州。大家都很关心他的病情，要他好好养病，等病好后再聚。苏曼殊听到这些，心中才稍稍安慰。

一个人躺着时，他从枕头下掏出藏着的糖果，含在嘴里。他不明白这些糖为什么越来越无味了。从前每当静下来，他不是吸烟就是吃糖。糖真的很甜，那浓烈的味道从舌尖化开，就直接滑到心里。甜味浓，心就不苦了。此时的舌头仿佛麻木了，是味同嚼蜡吗？

　　他常常做梦，梦境像压在眼帘前的巨大黑幕，铺天盖地而来。有时他仿佛置身于一个村庄，站在高大的门楼前。庭院里人来人往，每个孩子都依偎在母亲的怀抱里。只有一个瘦小的身影，怯生生地躲在一个角落。后来他病了，被丢在阴冷的柴房，再后来，他哭着走进寺院，落发出家。这个孩子是自己吗？苏曼殊忽然惊醒了，世事果然恍如一场梦。那些很多年前的记忆，总以为会被时间掩埋，其实一直在心里啊。他感到胸膈又在隐隐作痛了。

　　有时，他梦见母亲。河合仙站在一位穿着和服的女人身旁，告诉他，孩子，这才是你的母亲啊，说完转身而去。母亲，你要去哪里啊？苏曼殊想追河合仙而去，却发现那个女人正温柔地看着自己。那慈爱的目光和饱经风霜的脸庞，竟让自己再也无法离去。他跪倒在她身旁，流泪喊着母亲。

　　苏曼殊醒来的时候，阳光映在病房雪白的墙壁上。几位友人站在他旁边，他竟辨认了许久。友人们关切地问他的病情，嘱咐他什么都不用操心，安心养病就好。苏曼殊感激地点点头。他喜欢被别人惦记、挂念的感觉，渴望朋友们的关心。友人们离开后，病房又恢复了宁静。他挣扎着坐起来，用颤抖的手给蔡哲夫、陈独秀、萧纫秋写信，每封信都是寥寥数语。他知道朋友们都很忙，他也不想大家为他担心。给陈独秀的信中，他希望病好后，陈独秀能资助他到意大利进修美术，因为仲兄总是支持他的。

　　这个冬天真漫长啊。风在窗外时而温和时而狂啸，树的影子忽短忽长。躺在床上，仔细聆听雪落下的声音，轻轻的。树枝被压弯了，枝头的鸟也不知飞往何处。次日，窗前垂下长长的冰锥，无需多久，就会在阳光下慢慢融化。苏曼殊想起从前落雪的日子，必会邀上三五好友去赏雪。杭州湖心亭的雪，在张岱的笔下多美啊。"雾凇沆砀，天与云与山与水，上下一白。湖上影子，唯长堤一痕、湖心亭一点，与余舟一芥，舟中人两三粒而已。"那是怎样的雅趣才化成笔下淡淡的几笔闲情。而今呢？在冰冷的病房里，看着灰蒙蒙的天空，苏曼殊感到无比压抑和沉闷。

1918 年元月，苏曼殊的病情恶化，朋友们将他转到法租界的广慈医院。苏曼殊的身体状况越来越差了，他想到了死亡。死亡是什么？这本不该是一个年轻生命思考的问题，但此时的苏曼殊却常常为此陷入沉思。是司马迁说的："人固有一死，或重于泰山，或轻于鸿毛"，还是陶渊明说的："有生必有死，早终非命促。昨暮同为人，今旦在鬼录。魂气散何之？枯形寄空木。"不管如何，一想到死后的情形，苏曼殊还是感到深深的悲凉。陶渊明的《挽歌》写道：

荒草何茫茫，白杨亦萧萧。

严霜九月中，送我出远郊。

四面无人居，高坟正嶣峣。

马为仰天鸣，风为自萧条。

幽室一已闭，千年不复朝。

千年不复朝，贤达无奈何。

向来相送人，各自还其家。

亲戚或余悲，他人亦已歌。

死去何所道，托体同山阿。

死后会被埋葬在荒凉的野外，所有人都走了，只留下孤坟和冷风。

这样的场景时时出现在苏曼殊的脑子里，他突然害怕死亡，想好好活着。他还没有去过欧洲，去拜伦、雪莱的故乡看看。何况仲兄还答应他，等他病好后就送他去意大利。他想去看那些从未见过的风景，去体验没有体验过的一切。

他甚至还想再去一次盛泽。他在给柳亚子的信中写道："贱恙仍日卧呻吟，不能起立，日泻五六次。医者谓夏日方能愈，亦只好托之天命。如果有痊可之一日者，必践尊约，赴红梨（盛泽）一探剩迹耳。"也许在盛泽的水乡与友人们相处的时光，是他心中难以忘怀的一抹安宁。那样的日子，真渴望再来一回啊。

春天又来了。屋外是草长莺飞，花开烂漫的美好季节。又熬过了一个漫长的冬天，苏曼殊笑着对朋友们说："也许能熬到中秋呢，到时候不要忘了分我一块月饼啊。"大家都笑了，纷纷答应他，还开起了他的玩笑。但一走出病房，许多人又止不住流下泪来。

有时一闭上眼，苏曼殊就梦见鬼。朋友们宽慰他，让他不要胡思乱想。每个来看他的朋友都带着笑脸，好像他得的并不是什么大病，像往常一样，没多久就会好起来。但一转身，他分明看见他们哭红的双眼、悲戚的神情，他们说话的声音分明哽咽着，像强忍着很大的悲痛。他知道自己已经命不久矣了。

长年的四海飘零、无节制的暴饮暴食，已不可挽回地夺去了他的健康，任何高明的医术都无力回天。他的病情更加恶化，不断陷入昏迷。5月2日，苏曼殊醒过来，他的嘴角轻轻动了动，友人握着他的手，靠近他。苏曼殊吃力地说："我……别无牵挂。只是思念东岛的老母……"说着，眼角流出泪水。友人轻声安慰他，让他放心。他点点头，又陷入了昏迷。1918年5月2日下午4时，苏曼殊留下一句"一切有情，都无挂碍"，结束了他35年的红尘孤旅，与世长辞。

第二天,《民国日报》发布了一篇消息:

> 曼殊上人苏元瑛,工文词,长绘事,能举中西文学、美术而沟通之;其道德尤极高尚。年来,慨政局纷扰,社会堕落,常思至罗马考察彼都美术,而郁郁多病,卒未成行。自去夏复胃病大作,时缠绵病榻。迭入某某数医院疗治,间获小瘳,然不久辄增剧,至昨日午后四时,竟怛化于广慈医院。

病逝前,苏曼殊早已将衣物典当一空。友人在整理他的遗物时发现,小皮箱里除了用过的胭脂香囊,别无他物。生前好友们也纷纷慷慨解囊,尽自己的一份力。他的灵柩被运到广肇山庄,在破败寥落的广肇山庄,孤独而寂寞地搁了整整六个春秋。

六年来,友人们不断筹集经费,商讨安葬苏曼殊遗骨的事情。筹够经费后,他们在杭州西湖孤山北麓找到一块地。1924 年 6 月 8 日,苏曼殊的灵柩被安葬于杭州西湖畔。离他的坟墓不远,长眠着鉴湖女侠秋瑾和一代名妓苏小小。

如今漫步西湖,在树木阴翳处,唯见一石塔,上书"苏曼殊墓遗址"。红尘如梦,一世飘零,又何必在意太多。

苏曼殊走了,像他画下的某一位孤僧,一袭僧衣、竹杖芒鞋,在如烟的微雨中渐渐走远。追忆苏曼殊的文字如雨后春笋般,层出不穷。苏曼殊像是被突然发现的宝藏,人们读他的文章,赞叹他的才华,一时还催生出许多文学研究者,专门研究他的著作。社会上形成了"曼殊热",仿佛不读苏曼殊,就跟不上潮流。只有真正的朋友才能理解苏曼殊。柳亚子不遗余力整理苏曼殊的遗作,编纂成《苏曼殊全集》。刘三常常到西湖边看望老友的孤坟,白云庵的钟声划破死一般的沉寂,刘三不禁潸然泪下。他轻轻咏诵起那首《柬金凤兼示刘三》:"生天成佛我何能?幽梦无凭恨不胜。多谢刘三问消息,尚留微命作诗僧。"风吹过,树叶簌簌地响,似是与他相和。

生于乱世,身如飘萍,红尘一游,浮生若梦。一个年轻的生命消逝了,像一颗陨落世间的星星,将黑暗撕开一道透着光亮的缝隙。生如烟花之一瞬,那美丽的瞬间已定格在历史中。苏曼殊的一生就是传奇,才华出众,身世坎坷,终生在出世与入世间来回不定。独行于尘世,皈依于佛门,有多少人感受到那颗至真至纯的心灵呢?其实,入世就是出世,出世就是入世,普度众生也好,独善其身也罢,都归于一心吧。

后记

当我敲下这篇文稿的最后一个句号，窗外的雨也停了。初春的雨已连绵两周了，空气中的阴冷依旧刺骨。直起腰，望着夜色中静谧的小城，我开始回忆起写作的点滴。

当苏曼殊这个名字映入眼帘时，我在脑中搜索着关于他的信息。民国情僧、绘画天才、英年早逝……这些浮光掠影般的浅薄认知让我惭愧不已。是的，一个一百多年前的人，无论曾经如何风光，在21世纪的今天，还有几人记得。连他的墓，也成了一座被矮化的白塔，隐逸在树林的深处，百年来与风为伴。

我阅读关于他的书籍，读他的诗文小说，在图片上细细欣赏他的画作。

他是天才。他用一年多的时间学会了难懂的梵文，并著成《梵文典》，翻译佛教经典，教习梵文课程。他精通英文，是第一位将拜伦、雪莱翻译到中国的人。他不仅语言天赋惊人，还自学绘画，成为绘画大家。他的画意境高雅，超出凡尘，求他画作的人络绎不绝。如果没有一颗玲珑剔透的心，怎么会在乱世之中活得如此绚烂？

他是多情种。他三入空门，在茫茫红尘中以出家人自称，却在秦楼楚馆一掷千金。他常常陷入爱情，却只能收获苦果。他在感情上浅尝辄止，在孤独的夜里把失恋的苦酒化成一首首悲情凄恻的诗歌。

他关心时事，积极投身革命；他悲观厌世，辗转漂泊。他是一个矛盾的结合体，在出世与入世间左右，这一切都因为他坎坷的身世。他出生于封建大家庭，在孤单冷语中长大，看尽世间悲苦。他一生渴望得到爱和关心，还没来得及好好享受人生就遗憾地早早离开。

很喜欢听电影《大话西游》的主题曲《一生所爱》，其中有句歌词，每次听到心中都会翻起别样的滋味。

苦海　泛起爱恨

在世间　难逃避命运

相亲　竟不可接近

或我应该相信是缘分

对于苏曼殊，是否是这样呢？佛说：诸生皆苦。何况以情求道，如飞蛾扑火，明知道结局，还义无反顾。

苏曼殊一生虽短暂，却有多部著作，涵盖内容广泛。小说数篇，译著颇丰，还有绘画、诗歌、佛理研究，并掌握了多种语言。平凡如我，实在自愧不如。

在生活的烟火味中过着简单生活的我，不承想过有机会读一读苏曼殊，并写下我心中的苏曼殊，实感荣幸。写一个人，有时会感到与他的神交。当我写下他童年的无助、失恋的痛苦，我的内心感到无比失落。当我写到苏曼殊弥留之际的泪水，竟也忍不住垂下泪来。他始终是孤独的，四海为家、漂泊不定。写这篇文稿时，正逢春节。我常想苏曼殊是如何度过这个万家团圆的节日的，"每逢佳节倍思亲"，在通信不发达的时代，这样的感受应该更强烈吧。有时他与朋友一起过，有时他静心写作，把什么都忘了。孤独，是精神的养料。因为孤独，会让人看到内心，并深入思考。

写完了这篇稿子，我如释重负。许多挑灯夜战的夜晚，又在脑海中浮现。不负时光，就会收获希望，不是吗？

2019 年 2 月 18 日夜于池州

苏曼殊年谱

一八八四年　一岁

苏曼殊，广东香山（今广东珠海）人，1884年出生于日本横滨，原名戬，字子谷，后改名玄瑛，出家后法名曼殊。父亲苏杰生是广东茶商，青年时就赴日本经商，母亲河合仙是日本人。

一八八八年　五岁

苏曼殊喜好图画，如《潮音跋》所记："四岁，伏地绘狮子频伸状，栩栩欲活。"

一八八九年　六岁

回到广东香山老家，始见祖父母。

一八九〇年　七岁

入乡塾，开始读书。后到上海学习英文，得识西班牙人庄湘博士，在其教导下，学习大有进步。

一八九八年　十五岁

春初，随表兄林紫垣赴日本。在横滨，入华侨主办的大同学校学习，食宿于林紫垣家。

课余，间作画，下笔潇洒挺秀，已显露出绘画才能。

一九〇二年　十九岁

在大同学校毕业，考入早稻田大学高等预科班。表兄林紫垣每月补助十元，仅够食宿，生活十分艰苦，苏曼殊却能刻苦自励。是年冬，中国留学生叶澜、秦毓鎏等发起组织"青年会"，宣言以实行民族主义为宗旨。冯自由介绍苏曼殊加入"青年会"。

一九〇三年　二十岁

经侨商保送，转入成城学校（此为日本陆军的预备学校），学习陆军，与同学刘三（号季平）相识。三四月间，沙俄侵略我东三省，中国留日学生闻讯极为愤慨，叶澜、秦毓鎏等发起组织留学生"拒俄义勇队"；被日本政府解散后，又组织"军国民教育会"。苏曼殊均参加组织活动。林紫垣却极力反对，几次劝告不听，竟中断接济，迫使苏曼殊不得不辍学。

九月，苏曼殊回国。在轮船上，苏曼殊写遗书致林紫垣，假称已投海自杀，用以脱离林紫垣的干预。赴苏州，任吴中公学英文教员，同事中交好者有包天笑等。后又往上海，任职《国民日日报》，与陈独秀、何梅士、章士钊共事。

其间，翻译嚣俄（现译雨果）的小说《悲惨世界》，撰写《女杰郭耳缦》《呜呼广东人》等，在《国民日日报》上发表。

十一月，《国民日日报》被查封。苏曼殊与陈独秀、何梅士、章士钊另租屋同住。后苏曼殊离开上海，经过湖南，"入衡山，登祝融峰"，然后往香港。

抵香港后，持冯自由所写的介绍信，往访陈少白。这时陈少白任中国日报社社长，遂下榻于该社。住未久，苏曼殊往惠州出家为僧。

一九○四年　二十一岁

因破寺只住持一老僧，无隔宿之粮，唯恃化缘为活，苏曼殊不堪如此困苦生活，离开惠州，再返香港。在香港期间，偶遇乡人简世锟，简告诉他其父苏杰生已病重，希望苏曼殊归乡。苏曼殊托辞不归，苏杰生病故，苏曼殊也未奔丧。

三月下旬，至上海，访"青年会"旧友叶澜。此时苏曼殊决心南游，得庄湘博士资助旅费。至暹罗，从乔悉磨长老习梵文，研究佛典。

七月，返国，到长沙，访留日旧友秦毓鎏。这时，秦任湖南实业学堂教务监督，聘苏曼殊为实业学堂教习。

九月，"华兴会"密谋在长沙起义失败。苏曼殊虽未参与，但与会中主要人物交往密切。

一九○五年　二十二岁

上半年仍在长沙实业学堂任教。暑假中至上海，重晤秦毓鎏（上一年，因"华兴会"起义失败逃来上海）。秋后，至杭州游西湖。

下半年，在南京，任教于南京陆军小学，授英文，与刘三共事，并与赵声（伯先）相识。

一九○六年　二十三岁

春初，再至长沙，执教于明德学堂，教授图画；夏，至芜湖，执教于皖江中学，与邓绳侯同事。暑假中，偕陈独秀东渡，至日本寻母河合仙，不遇。暑假结束，从日本回国，仍赴芜湖皖江中学任教。但因学校闹风潮，于阴历八月下旬，至上海。后又往杭州，游西湖。秋，返上海，住上海爱国女校。

一九○七年　二十四岁

正月，与刘师培、何震夫妇东渡赴日本。自正月至五月，在民报社，与章太炎同住。其间，除为《民报》写文章外，埋头于梵文著述，成《梵文典》八卷，自为序，章太炎亦为题序。苏曼殊终于找到母亲，不时留居于河合仙家。

一九〇八年 二十五岁

因章太炎、刘师培交恶，刘师培夫妇迁怒于苏曼殊，苏曼殊移居另一友人处。

九月回国，中旬至杭州，寓西湖雷峰塔下白云庵。不久居韬光庵，夜深闻鹃声，作《听鹃图》并诗一首寄刘三。诗云："刘三旧是多情种，浪迹烟波又一年。近日诗肠饶几许，何妨伴我听啼鹃。"月底，返上海。

十月，应杨仁山居士之约，至南京，任教于杨仁山为培养僧侣、研习佛学而开办的祇垣精舍，主讲梵文。十一月，往返于上海南京之间。适刘师培夫妇返国至上海，仍与其交往。

冬，病卧于祇垣精舍，得仁山居士和精舍学员们的精心照顾。

一九〇九年 二十六岁

元月，东渡日本，至东京。

九月，回国，抵上海，晤蔡哲夫。旋赴杭州西湖见刘三，再寓白云庵。适刘师培变节，革命党人怀疑苏曼殊囿于感情而同流合污，投函警告。苏曼殊立即离杭州赴沪，以示清白。

十一月，再度南游，至星嘉坡，遇庄湘博士及其女雪鸿，获赠西诗数册。赴爪哇，任英文教师，授男女学生数十人。

一九一〇年 二十七岁

继续留任爪哇当教师。原拟去印度，却因"咯血之疾复发，羁旅六月，已费去七百余金，故未能赴印"。

一九一一年 二十八岁

夏季，回国，经广州，去上海，小住十日。八月，重渡爪哇，仍在中华学校教授中文、英文。

十月十日（阴历八月十九日），革命党人于武昌起义，推翻清王朝统治。苏曼殊于病中闻讯，极为兴奋，认为此乃"振大汉之天声"，遂准备归国。

十一月，为筹措归国旅费，典当燕尾服，卖掉书籍。这时用英文翻译的《潮音》已出版。

一九一二年　二十九岁

二月，回国。至香港，与从兄苏维翰会晤，从兄赠银五百元，并共同拍照为纪念而别。

三月，至上海，应《太平洋报》聘请，任该报主笔。

在《太平洋报》上，苏曼殊先后发表了杂文《南洋话》《冯春航谈》及小说《断鸿零雁记》（因该报停办，稿未刊完）等。

其间，绘《荒城饮马图》一幅，请友人代焚于赵声墓前。因过去与赵声同寓南京时，曾许赵声作此画，未竟；此次苏曼殊归国，闻赵声因黄花岗之役失败，已忧愤呕血而死，为践前诺，并悼亡友，故作《荒城饮马图》，"此画而后，不忍下笔矣"。

四月，东渡日本探望母亲。五月，返回上海。

读林纾翻译的《茶花女逸事》，认为"支离割裂，舛谬綦夥"，拟重译，但因故未能译成。

从兄苏维春自青岛来访晤，相与盘桓数日。六月中旬，偕马小进访刘三、陆灵素夫妇于华泾，为绘《黄叶楼图》一幅。

六月，再次东渡日本探望母亲。十月三十日，起航返国，至上海。

十二月，至安庆，任教于安徽高等学校，与郑桐荪、沈燕谋等同事。原拟去中国香港、新加坡等地漫游，后因故未能成行。岁暮，作客于吴江盛泽郑荪家。

一九一三年　三十岁

元月，至上海，住南京路第一行台旅馆。三月至五月，来往于安庆上海间。六月（阴历五月初二日），至盛泽。

七月七日（阴历五月二十二日），至苏州，寓郑桐荪之兄郑咏春家，与郑桐荪、沈燕谋同编《汉英辞典》《英汉辞典》。秋冬间，在上海，仍住第一行台。

十二月，患肠疾，遵医嘱赴日本养病。

一九一四年　三十一岁

《国民杂志》重新发表修订的《燕子龛随笔》。病中仍笔耕不辍。

一九一五年（民国四年，乙卯）　三十二岁

七月，发表小说《绛纱记》于章士钊主编的《甲寅》。

八月，撰成小说《焚剑记》，发表于《甲寅》。

一九一六年　三十三岁

年初从日本回国。袁世凯准备称帝，居正在山东成立护国军，讨伐袁世凯。苏曼殊闻讯，春间前往青岛会晤居正，盘桓数日，游崂山。

十月，至西湖，往来于杭州上海间。

十一月、十二月间，发表小说《碎簪记》于陈独秀主编的《新青年》。十二月，撰小说《人鬼记》。

一九一七年　三十四岁

二月，在西湖。三月下旬，思念母亲，赴日本省视。居月余，肠胃病剧，复返上海。入秋，肠胃病剧；冬，病重，入海宁医院就医，状甚危。

一九一八年　三十五岁

二月，由海宁医院转至广慈医院医治。

五月二日，苏曼殊弥留之际，其最后嘱咐，言怀念东岛老母，一切有情，都无挂碍。至午后四时，溘然圆寂。

一九二四年六月安葬于杭州西湖孤山。